Sigrid Gänzle Hartmut Handt Armin Jetter

Voller Hoffnung

Betrachtungen zu den Grafiken des 20. Jahrhunderts
im Gesangbuch der Evangelisch-methodistischen Kirche

Mit einem Geleitwort von Bischof Dr. Walter Klaiber
und einer Einführung von Prof. Dr. Theo Sundermeier

Strube-Verlag München
Edition 9125

Mit Beiträgen von

S.G. Sigrid Gänzle
H.H. Pastor Hartmut Handt
A.J. Armin Jetter

Aus Umfangsgründen verzichten wir auf Literaturhinweise und Quellenangaben bei den Zitaten. Anfragen an die Autoren richten Sie bitte an: Armin Jetter, Grundstraße 5, D-82061 Neuried (armin.jetter@emk.de)

Schrift: Linotype Frutiger NEXT
Gestaltung und Satz: M.Rotter
Reproduktionen: Eder GmbH, Ostfildern
Einbandentwurf: P. Jercic
Druck und Bindung: WB-Druck GmbH, Rieden
ISBN 3- 89912- 38-8

Inhalt

Grafiken unmittelbar nach dem Zweiten Weltkrieg

Grafiken aus Afrika und Asien

Grafiken nach 1960

Geleitwort

Jahrhundertlang stand im evangelischen Bereich neben der Musik allein das Wort, die Predigt im Mittelpunkt der Glaubensvermittlung. Heute wissen wir, dass sowohl die Aufnahme der Botschaft als auch der Ausdruck des Glaubens ganzheitlich, das heißt mit allen Sinnen, geschehen sollte. So kann die Verinnerlichung der Botschaft vertieft und das Zeugnis des Glaubens lebendig werden. Das ist der Grund, weshalb im neuen Gesangbuch der Evangelisch-methodistischen Kirche für den deutschsprachigen Raum Werke der bildenden Kunst aufgenommen wurden. Diese Grafiken illustrieren nicht einfach biblische Themen, sie wiederholen nicht, was man genauso gut in Worten ausdrücken könnte, sondern sie eröffnen einen neuen, oft überraschenden, manchmal auch beunruhigenden Blick auf Inhalte des Glaubens, die uns sehr vertraut zu sein scheinen.

Ich bin deshalb dankbar, dass im neuen Gesangbuch der Evangelisch-methodistischen Kirche Zeichnungen, Radierungen, Linolschnitte und Holzschnitte ihren Platz gefunden haben, die mit einem anderen Ausdrucksmittel zeigen, worum es bei den Aussagen und Themen der Lieder geht. Und ich hoffe, dass diese Bilder in unsere Andachten und Gottesdienste Eingang finden und uns in Besinnung, Meditation und Gebet anregen.

Vier Besonderheiten zeichnen die Auswahl aus:

- Es sind nur Grafiken des 20. Jahrhunderts aufgenommen worden. Die unserer Zeit nahe Deutung der Botschaft ist wichtig, auch wenn (oder gerade weil) sie für das ungeschulte Auge manchmal sperrig erscheint.

- Das Werk von Künstlern, die ihre Arbeit in der ehemaligen DDR unter schwierigen Bedingungen taten, ist präsent. Die Interpretation aus der Unterdrückung hat ihr eigenes Profil.
- Es wurden Bilder aus dem außereuropäischen Raum aufgenommen. Dadurch wird der Horizont unserer weltweiten Kirche sichtbar.
- Auch Grafiken jüdischer Künstler haben ihren Platz in der Auswahl gefunden. Die Interpretation aus der Perspektive des Judentums hat uns viel zu sagen.

Der Umgang mit bildender Kunst hat in der Evangelisch-methodistischen Kirche kaum Tradition. In den letzten Jahren zeigt sich aber eine erfreuliche Offenheit gegenüber Kunstwerken, die einen Bezug zu Themen der Bibel und des Glaubens haben und es wird oft der Wunsch nach Hilfestellungen im Umgang mit Bildern geäußert. Diesem Wunsch kommt das vorliegende Buch entgegen. In ihm sind alle Grafiken, die sich im Gesangbuch finden, nochmals zusammengestellt und mit hinführenden Betrachtungen versehen. Sigrid Gänzle und Hartmut Handt, besonders aber Armin Jetter, ohne dessen begeisterten Einsatz das Buch wohl nicht erschienen wäre, sei herzlich gedankt. Ein besonderer Dank gilt dem Verleger, Friedemann Strube, der ohne Zögern das Risiko einer Publikation auf sich genommen hat.

Oktober 2002

Dr. Walter Klaiber
Bischof der Evangelisch-methodistischen Kirche

Einführung

»Gott loben, das ist unser Amt«. Die Musiker nehmen an diesem Amt teil. Singen, musizieren dient dem Gotteslob. Johann Sebastian Bach hat seine Werke gern mit *S. D. G.* unterschrieben: *Soli Deo Gloria*. Gottes Ehre soll durch seine Musik vermehrt werden. Das ist uns vertraut. Wenn wir die Lieder im Gottesdienst anstimmen, nehmen wir an diesem Gotteslob teil, auch wenn die Texte von menschlichem Leid, von Sorgen und Tod sprechen. Im Lied wird des Menschen Gefährdung und seine Schuld vor Gott getragen und im Gesang gelindert und überwunden. Im Chorgesang, beim Musizieren und Singen im Gottesdienst nehmen wir unser Amt zum Lobe Gottes und Trost des bedrückten Menschen sonntäglich wahr.

Aber gilt das auch für die darstellende Kunst? Die Kirchen, zumal die der reformierten Tradition haben bis heute ein vielfach gebrochenes Verhältnis zur Kunst, zur Malerei zumal. Der Stachel des zweiten Gebotes: *»Du sollst dir kein Bildnis machen«* sitzt tief. Es wirkte sich nicht nur dahingehend aus, dass man sich im Judentum, Islam und frühen Christentum kein Bildnis von Gott machte, sondern schloss auch die Darstellung des Menschen, als dem Ebenbild Gottes, aus. Bilderfeindlichkeit prägte in solch einer Weise Judentum und Christentum, dass man ihren Anhängern in der hellenistischen Zeit den Vorwurf des Atheismus machte. Wer nicht zeigen kann, wer und wie sein Gott ist, galt als gottlos. Der Islam hat diese innere Abwehr gegen jede Bildhaftigkeit Gottes und das daraus folgende Verbot, den Menschen darzustellen, von Juden und Christen übernommen und bis heute beibehalten.

Das Christentum dagegen hat im Laufe der Jahrhunderte in seinen verschiedenen konfessionellen Ausprägungen einen anderen Weg eingeschlagen. Gott wurde Mensch. Er ist so tief in das menschliche Dasein gekommen und hat in einer solchen Weise an unserem Menschsein teilgenommen, dass wir nun in jedem menschlichen Antlitz etwas von dem Geheimnis Gottes entdecken können. Das menschliche Angesichts des Sohnes erschließt Gott und Mensch zugleich. Wir müssen nur lernen, genau hinzuschauen. Das Zweite Konzil von Nicäa (787) hat nach einem langen und heftig geführten Bilderstreit diesen Weg eröffnet und geebnet. Zugleich wurden von verschiedenen Seiten strikte Vorschriften erlassen, dass keine Darstellung des Göttlichen Anlass sein darf, das von Menschenhand geschaffene Bild oder eine Skulptur mit Gott selbst zu verwechseln und anzubeten. Der Kunst wurde durch diesen Konzilbeschluss ein weites Feld eröffnet. Fasst man die verschiedenen Formen des Umgangs mit dem Göttlichen in der christlichen Kunst zusammen, kann man vier Wege und Funktionen unterscheiden. Auch wenn sie nicht immer klar voneinander zu trennen sind und sich im Werk des einzelnen Künstlers überschneiden können, so hilft uns diese Unterscheidung dennoch, eine gewisse Ordnung in der Vielfalt christlicher Kunst zu finden und das jeweilige Kunstwerk besser zuordnen und würdigen zu können.

1. Das Kultbild
2. Die Illustration
3. Die Interpretation
4. Die Vision

1. Das Kultbild

Die Ikonen sind *Kultbilder* und sind die Gestalt schlechthin, in der in den Orthodoxen Kirchen Bilder der Anbetung und dem Lobpreis dienen. Es bestehen feste Regeln, in welcher Weise eine Ikone gemalt werden muss, welche Farben verwendet und welche Themen in welcher Form dargestellt werden dürfen. Die Bilder spiegeln die Lehre der Orthodoxie. Sie stellen Irdisches dar und sind doch in allem transparent zum Göttlichen hin. Im irdischen Geschehen soll etwas anderes sichtbar gemacht werden. Sie sind wie Transparente, nur dass nicht ein zusätzliches Licht sie zum Leuchten bringen muss. Sie leuchten aus sich selbst (das deutet der Goldgrund an). Vor ihnen wird man still. Sie wecken das Ohr zum Hören, sie lösen die Zunge zum Lob und Gebet.

Mehrere Bilder im Gesangbuch sind von dieser Tradition geprägt, auch wenn die Künstler selbst nicht oder nicht mehr darin leben. Jawlenskys Menschengesichter (S.55) sind ohne diesen Hintergrund orthodoxer Frömmigkeit nicht zu verstehen. Sie spiegeln die Stille der Ikonen und laden ein, dem Stillstand der Zeit standzuhalten, wie er in jeder orthodoxen Liturgie zelebriert wird. Sie laden dazu ein, im Menschengesicht Gottes ansichtig zu werden.

Auch Chagalls frühe Bilder (S.147ff) sind durch die Begegnung mit der russisch-orthodoxen Kirchenmalerei beeinflusst. Doch er spürt vielleicht noch tiefer das Leid, er erlebt die Pogrome seines Volkes. Deshalb erscheinen die Bilder des Gekreuzigten, die Bilder von Mutter und Kind nicht mehr vor einem Goldgrund, sondern treten oftmals wie aus dunkler Nacht hervor. Doch die Kultgegenstände auf seinen Bildern – hier nicht die der Orthodoxie, sondern des jüdischen Gottesdienstes – wollen daran erinnern und dazu beitragen, dass wir mit dem Bild und durch das Bild erkennen, dass es noch eine andere Welt hinter dem Sichtbaren gibt. Und dass es eben diese andere Welt ist, die Welt Gottes, die unserm Leben Sein, Sinn und Halt gibt. So wird das Lob aus der Tiefe möglich.

2. Die Illustration

In der katholischen Kirche wurden bis in das späte Mittelalter Bilder zur *Illustration* für jene gemalt, die nicht lesen konnten. Eine *biblia pauperum* wurde auf den Kirchenwänden geschaffen, eine Bibel für die Armen. Man hat in Bilder umgesetzt, was Paulus den Galatern schrieb, er habe den Gekreuzigten ihnen *»vor Augen gemalt«* (Galater 3,1). Neben dem gepredigten Wort und liturgischen Lied (das vielen kaum verständlich war, weil es in lateinischer Sprache intoniert wurde) sollte das Bild erbauen und die heilige Geschichte einprägsam sichtbar machen. Wer eine Geschichte in der Lesung gehört hatte, erkannte das Bild und konnte Einzelheiten identifizieren. Die Bilder sind Erzählungen. Sie erzählen die biblischen Geschichten jedoch so, als ob sie in der nächsten Umgebung stattgefunden hätten, in Verona, Assisi, Lüneburg, Soest, Köln. Jerusalem ist überall, wo die Geschichten der Bibel erzählt werden. In Flandern, im Siebengebirge, in unserem Herzen wird Christus geboren.

Diesem Typus von narrativer Darstellung sind ein großer Teil der Bilder des Gesangbuches zuzuordnen, vor allem die Grafiken nach dem Zweiten Weltkrieg und die nach 1960, sowie eine Reihe der Bilder aus Afrika und Asien. Wie im Mittelalter werden die Geschichten in den eigenen sozialen und kulturellen Kontext versetzt: Indien (S. Raj, S.141), Afrika (A. Mbatha, S.109ff). Aber auch der deutsche Kontext wird erkennbar, wenn Noah (G. Marcks, S.81) oder Hagar (J. Steinhardt, S.95) im Bild uns näher kommen: Nicht fremdländische, sondern Menschen wie wir werden gezeichnet, mit Sehnsüchten, Hoffnungen und Verzweiflungen, wie wir sie kennen.

Der Afrikaner J. N. Muafangejo (S.133ff) fügt in seinen Darstellungen gern Texte hinzu, so dass nicht nur durch die Unterschrift das Thema des Bildes festgelegt wird, wie in der abendländischen Tradition. Vielmehr fügt sich das Wort ins Bild und wird ein integraler Teil von ihm, ein fast sakramentaler Vorgang. So wie bei den Sakramenten das Wort zu den Elementen kommt und sie zu Heilsträgern macht, so macht das Wort das Bild zum Prediger.

3. Die Interpretation

Der Übergang zur dritten Gruppe von Bildern ist fließend, denn jede Erzählung ist zugleich *Interpretation*. Dennoch geht es in dieser Gruppe um mehr. Das Bild löst sich vom vorgegebenen biblischen Erzählzusammenhang. Es mag ihn verfremden, stellt heterogene Elemente flickenteppichartig zusammen, führt neue Perspektiven ein oder verkehrt gar den ursprünglichen Text in sein Gegenteil. Es bleibt aber auf die christliche Botschaft bezogen und will sie verdeutlichen und aktualisieren. Dabei gewinnt die Situation des Menschen, sein Suchen, seine Gefährdung, seine Verletzungen und Enttäuschungen an Gewicht. In dieser menschlichen Situation hört man neu auf die Botschaft. Sie soll die Situation deuten. Erst darnach kann aus der Situation heraus auch der Text neu verstanden werden. Ein intensiver Austausch beginnt. Gott, der als der Logos (Johannes 1,14) Mensch wurde, ist der eigentliche Hermeneut. Er beginnt in seinem Sohn das Gespräch mit den Menschen und deutet durch den Heiligen Geist unser Leben, rückt es in das rechte Licht und erneuert es. Diesen Weg beschreiten die Bilder dieser Kategorie. Sie werden zu Hermeneuten unserer Situation. Aber auch der andere Aspekt wird erkennbar: Die Bilder öffnen die Augen zu einem neuen Verständnis der biblischen Botschaft. Ein dichter Dialog zwischen dem Künstler, unserer Situation und dem biblischen Text beginnt.

Die sensiblen Interpretationen der Bilder von K. Schmitt-Rottluff (S.35ff), M. Beckmann (S.47), von A. Majola (S.125) u.a. lassen diesen Zusammenhang erkennbar werden. Ich will ihn zusätzlich an dem Bild *Christus und Nikodemus* von K. Schmitt- Rottluff (S.39) verdeutlichen. Der Künstler hält sich an den vorgegebenen Text in Johannes 3. Nachts kommt Nikodemus zu Jesus. Sterne leuchten auf. Doch Nikodemus begegnet nicht dem irdischen Jesus, sondern dem kosmischen Christus. Nikodemus ist nackt und klein. Er kommt aus dem

Dunkeln. Noch ist sein ganzer Körper bedeckt von Dunkelheit und Nacht. Doch seine Stirn spiegelt schon das reine Licht des Auferstandenen. Auch die linke Hand – sie gilt in vielen Kulturen als die unreine, falsche, minderwertige Hand, während die rechte für Macht, Kraft und Vernunft steht – ist von Licht durchdrungen: Erfahrung geht dem Verstand voraus, der Glaube dem Verstehen, Gehorsam folgt dem Erleben. Der Mensch vor Gott, das ist die Situation, die mit Hilfe der Nikodemusgeschichte exemplarisch verdeutlicht wird. Doch zugleich wird auch eine neue Seite im Verständnis dessen, was Wiedergeburt ist, aufgeschlagen.

4. Die Vision

Künstler sind Seismographen. Sie reagieren sensibler auf die Ereignisse in der Welt als andere Menschen. Sie nehmen frühzeitiger wahr, wann soziale Erdbeben sich ereignen und tiefgreifende politische Veränderungen sich ankündigen. Auch theologische und geistesgeschichtliche Entwicklungen sind oftmals bildnerisch vorweggenommen, ehe sie von Philosophen oder Theologen gedacht und in Worte gefasst wurden. Wer Augen hatte zu sehen, konnte das entdecken. Doch meistens wird man sich dessen erst im Nachhinein bewusst. Dies gilt besonders für das kirchlich gebundene Publikum, das sich zumindest in der Moderne künstlerischen Strömungen gegenüber eher zurückhaltend verhielt und wenig aufgeschlossen für neuere Entwicklungen war und ist.

Der Boden wird aber durch solche Kunst bereitet, das neue Denken leichter zu akzeptieren. So nimmt die sich in ungewohnt radikaler Weise allein auf das Kreuz konzentrierende Passionsdarstellung des Mathias Grünewald auf dem Isenheimer Altar die Kreuzestheologie des jungen Luther vorweg. Picassos großes Bild für die Weltausstellung in Paris aus dem Jahr 1937 *Guernica* stellt die Schrecken von Tier und Mensch in einer Weise dar, wie sie erst im Grauen des Zweiten Weltkrieges erlebt wurden.

Welche Bilder im Einzelnen solch prophetische Elemente enthalten, darüber wird man unterschiedlicher Meinung sein können. Dass aber das Gesangbuch auch solche Bilder enthält, darüber kann kein Zweifel bestehen. Die Interpretation des Holzschnittes der polnischen Künstlerin M. Hiszpanska-Neumann (S.159) macht ausdrücklich darauf aufmerksam. K. Schmidt-Rottluffs Bild *Die große Prophetin* (S.35), die sich ja nur in ganz wenigen Bezügen auf das Alte Testament beziehen kann, ist so etwas wie eine Darstellung der großen Frauen im Widerstand gegen das Dritte Reich (Edith Stein u.a.). A. Mbathas Linolschnitte nehmen Themen der Schwarzen Theologie um Jahre vorweg, ehe es auch nur den Ansatz einer solchen Theologie in Südafrika gab. Ist nicht sein Bild *Bergpredigt* (S.109), auf dem das Licht des Ostermorgens aufleuchtet, zugleich so etwas wie eine Vision von der Überwindung des Apartheidsstaates und seiner Ideologie? Durch solche Bilder verliert der Gedanke an die Zukunft seine Schrecken, die Hoffnung gewinnt an Kraft.

Die Gefahr, dass Bilder den Betrachter »verzaubern« und sie Gegenstand der Verehrung werden, ist heute nicht mehr gegeben. Ein Bildersturm wäre im Christentum mehr als unzeitgemäß, auch wenn wir ähnliche

Vorgänge in fundamentalistischen Kreisen einer anderen Religion heute noch erleben können. Das Problem evangelischer Kirchen ist eher, zu einem erneuerten Verhältnis zum Bild zu kommen. Es ist an der Zeit, dass wir lernen, die Zeichen der Bilder zu interpretieren, um sie in ihrer Wertigkeit vertieft würdigen zu können. Eine Erneuerung der Kirche wird es nicht ohne eine Erneuerung der Bildwelt geben.

Es ist ein hoffnungsvolles Zeichen, dass nun eine Kirche aus der reformatorischen Tradition es wagt, mit der Herausgabe ihres neuen Gesangbuches eben diesen Schritt zu tun, ein neues Verhältnis zum Bild zu finden. Bilder sind immer mehrdimensional in der Bedeutung ihrer Zeichen und Symbole. Die einfühlsamen Interpretationen in diesem Begleitbuch werden wesentlich dazu beitragen, dass die Bilder leichter rezipiert werden. Sie machen den Betrachtern Mut, sich auf die Bilder einzulassen und neue Seiten und andere Aussagen zu entdecken. Der Einsatz wird durch eine Freude belohnt, die zu einem umfassenderen Gotteslob, zu verstehender Liebe zum Menschen und zu vertiefter Hoffnung führt.

Prof. Dr. Theo Sundermeier
Universität Heidelberg

Edvard Munch
Maler und Grafiker
*1863 in Loten (Norwegen), †1944 im Hof Ekely (Norwegen)
Trauerbesuch
Holzschnitt, 49,9 × 59,9 cm, 1904

Edvard Munch
Trauerbesuch

Der erste Eindruck: Das Bild zerfällt in zwei Teile, einen hellen und einen dunklen, einen durch die Schraffierung schematisch und leblos wirkenden und einen kleineren mit bewegten Formen.

Personen betreten von links das Zimmer: Sie kommen zum Trauerbesuch. Sie wollen Abschied nehmen von dem Verstorbenen und ihr Verhältnis zu ihm klären. Sie wollen aber auch dem Hinterbliebenen ihre Anteilnahme, Nähe und Zuneigung zeigen. Doch vermittelt Munchs Holzschnitt dies? Kaum erkennbar liegt die tote Gestalt rechts im Hintergrund unter einem weißen Laken. Zwar laufen alle Linien des Holzschnittes auf sie zu: Die Schraffierung der Wand, die Linien des Fußbodens, aber es gibt eigentlich keine Verbindung zur linken Hälfte des Bildes. Die Trennung zwischen Leben und Tod ist scharf, endgültig, nicht zu überbrücken.

Auch in der Trauer ist jeder allein: die vier hereintretenden Personen sind mit sich selbst und ihrer Trauer beschäftigt, sie halten ihre Hände vor den Mund. Kein Wort des Trostes wird herauskommen. Die Trauer lässt sie verstummen. Sie sehen weder den Trauernden an, der ihnen die Tür geöffnet hat, noch die tote Person. Auch das Fenster ist blind – mit Tüchern verhängt. Der Trauernde scheint nur mechanisch die Tür geöffnet zu haben. Er schaut die Besucher nicht an. Sein Blick geht nach unten; und die Tür des Sterbezimmers trennt ihn von ihnen. Wie eine weiße Schneise trennt ihr dreieckiger Keil ihn von den Eintretenden. Aber auch zu der toten Person (Ist es seine Frau? Ist es sein Kind?) gibt es keine Verbindung. Er ist in seiner Trauer allein.

Die beiden Frauen, vor allem die vordere, scheinen sich dem Sterbebett zuwenden zu wollen. Oder drehen sie sich bereits wieder zum Gehen? Ist der Trauerbesuch schon zu Ende, ehe er eigentlich begonnen hat? Wir wissen es nicht. Wir sehen nur, dass es im Reich des Todes hell ist, im Reich der Lebenden aber dunkel, dass es im Reich des Todes starr und hart ist, im Reich der Lebenden aber Bewegung. Dazwischen aber scheint es keine Vermittlung zu geben. Hinter der Botschaft des Bildes stehen sicher bittere Lebenserfahrungen des Künstlers. Seine Mutter starb, als er fünf Jahre alt war, seine Schwester Sophie mit fünfzehn Jahren und sein zwei Jahre jüngerer Bruder mit dreißig. Unglückliche Liebe und Tod wurden zu den Hauptthemen seiner Werke.

»In der Trauer fühle ich mich verarmt«, sagt der Psychologe Alexander Mitscherlich. Das gilt nicht nur im Blick auf den Verlust eines Menschen durch den Tod. Es gilt offenbar in vielen Fällen auch für die Beziehungen der Lebenden untereinander. Sie sind oft gestört, ja, können ganz eingefroren sein – wie auf dem Bild von Edvard Munch. Wir sehen die entsetzliche Einsamkeit aller. Da sind die Lebenden dem Toten gleich – schon jetzt.

Der Holzschnitt drückt eine Erfahrung aus, die viele Menschen machen: Sie werden angesichts des Todes sprachlos, die Beziehungen unter den Hinterbliebenen sind abgestorben. Aber hier auf dem Bild haben sich einige immerhin auf den Weg gemacht, um die Nähe des unmittelbar Betroffenen zu suchen. Doch es scheint nicht zu gelingen. Gibt es dennoch eine Hoffnung? Da ist eine Tür; und sie öffnet sich nicht nur ins Sterbezimmer hinein. Sie öffnet sich auch zum Leben. Jesus sagt:

Ich bin die Tür. Johannes 10,9

und

Ich lebe, und ihr sollt auch leben. Johannes 14,19

und

Ich bin die Auferstehung und das Leben. Wer an mich glaubt, der wird leben, auch wenn er stirbt. Johannes 11,25

H.H.

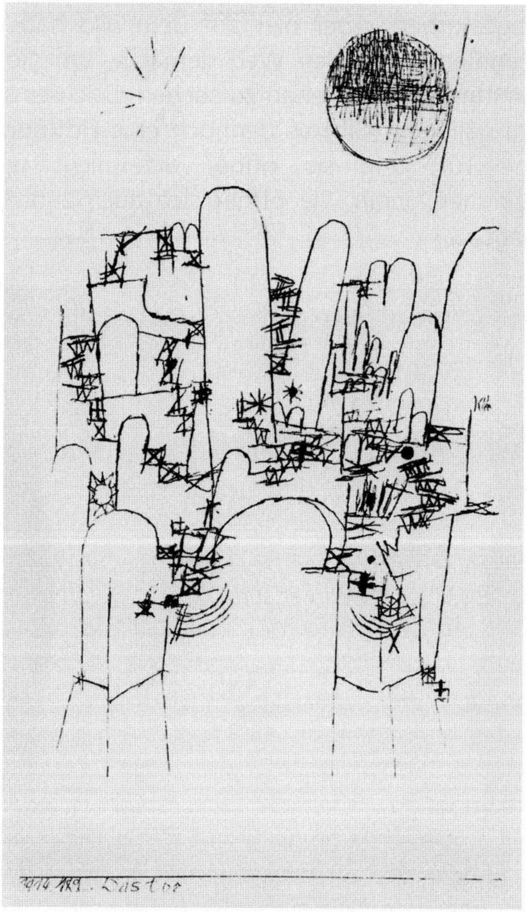

Paul Klee
Maler und Grafiker
*1879 in Münchenbuchsee (Schweiz), †1940 in Muralto (Schweiz)
Das Tor
Feder auf Papier, auf Karton aufgezogen, 22,5 × 13,1 cm, 1914

Paul Klee
Das Tor

»Wenn bei meinen Sachen manchmal ein primitiver Eindruck entsteht, so erklärt sich diese ‚Primitivität' aus meiner Disziplin, auf wenige Stufen zu reduzieren. Sie ist nur Sparsamkeit, also letzte professionelle Erkenntnis. Also das Gegenteil von wirklicher Primitivität«, schrieb Paul Klee 1909 in sein Tagebuch, das er von 1898 bis 1918 führte. Er war ein großer Briefeschreiber und er bereitete seine Vorlesungen am Bauhaus (1921 bis 1931) Wort für Wort vor. Die Fülle seiner schriftlichen Äußerungen bilden für uns eine unerschöpfliche Quelle für Methoden der bildnerischen Gestaltung und für kunsttheoretische Gedanken. In seinen Schriften gibt der Künstler Einblick in seine Gedanken über den Urgrund und das Geheimnis der Schöpfung, über Träume als Tor zum Unbewussten, über das Verhältnis des Sichtbaren zum Unsichtbaren, über die bildnerische Schöpferkraft des Kindes, über das Spiel der Kunst mit den Dingen.

Üblicherweise zog Klee bei seinen Zeichnungen und Aquarellen am unteren Blattrand eine Linie mit dem Lineal und setzte in sorgfältiger Schrift Jahreszahl, Werknummer und Titel auf oder unter diese Linie. Der kleinen Federzeichnung aus dem Jahre 1914, die unmittelbar nach seiner berühmten Tunisreise entstand, gab Klee den Titel *Das Tor.*

Man erkennt das Tor in dem Bogen am unteren Rand des Bildmotivs. Es ist ein Tor zu einem Friedhof.

Grabsteine sind zu sehen, die sich teilweise gesetzt haben und aus der Senkrechten gekippt sind. Wie Schwurfinger strecken sich in der Mitte zwei schmale, hohe Steinmale empor. Vielleicht stehen die Grabsteine schon lange, so wie wir es von jüdischen Friedhöfen kennen, deren Gräber nie aufgelassen werden. Zwischen den Grabsteinen kann man allerlei Zeichen entdecken: Sterne, Punkte, Kreise, Linien, die sich verdichten und sich untereinander verbinden. Über dem Friedhof erhebt sich rechts ein rundes, verdunkeltes Gestirn. Das kompositorische Gegenstück bildet auf der linken Seite ein angedeuteter Strahlenkranz.

Wohin gehen wir, wenn wir das Tor zum Friedhof durchschreiten? Die äußere Wirklichkeit weist auf Gräber, Steinplatten und Erinnerungszeichen. Wir denken an Menschen und unsere Beziehungen zu ihnen, an glückliche oder schwierige Situationen. Der Friedhof Paul Klees ist kein Ort der Ruhe. Die schief hängenden Steine stehen in Spannung zu den aufrecht stehenden, die Zwischenräume mit ihren undefinierbaren Zeichen markieren ein unruhiges Geflecht. Befällt uns Unbehagen? Wachen konfliktbeladene Beziehungen wieder auf? Erfüllt uns Klage und Trauer über versäumte Gelegenheiten? Befällt uns Angst vor dem eigenen Lebensende? Was empfinden wir auf einem Friedhof?

Ein Tor bezeichnet einen Durchlass an einer Begrenzung. Es sind Grenzerfahrungen, welche Paul Klee beschäftigen, die Grenzzustände zwischen Diesseits und Jenseits, zwischen Wissen und Vorstellung, zwischen Sichtbarem und Unsichtbarem, zwischen Außen und Innen, zwischen Offenkundigem und Geheimnisvollem, zwischen Zeit und Ewigkeit. Der Künstler weist uns auf die Spannung hin zwischen dem verdunkelten Gestirn der Wirklichkeit und dem Strahlenkranz der Hoffnung auf *»das Reich dessen, was kommen kann, kommen möchte«* (Paul Klee).

Grenzübergänge sind Krisensituationen, Zeiten der Gefährdung, in denen wir unser Leben überdenken und neu ordnen müssen. Was darf ich beim Durchschreiten des Tores mitnehmen, was muss ich zurücklassen? Welche Beziehungen zu anderen Menschen bleiben auch in einer veränderten Lebenssituation tragfähig? Grenzsituationen können auch Chancen für neue Gotteserfahrungen sein. An der Grenze unserer Wirklichkeit und unserer Möglichkeiten kann uns Gott begegnen und neue Lebensräume eröffnen.

Und am Tor des Todes? Das unbekannte Land hinter dieser endgültigen Grenze macht uns unruhig. Wir haben so viele Fragen, uns treiben Ängste um. Jesus will uns die Angst vor dem Unbekannten nehmen. Er lädt uns ein zum Vertrauen darauf, dass unser Leben diesseits und jenseits der Todesgrenze in Gottes Liebe aufgehoben ist. Und er zeigt uns das Leben in der Herrlichkeit Gottes:

Ich bin die Tür; wenn jemand durch mich hineingeht,
wird er selig werden. *Johannes 10,9*

S.G.

Ernst Barlach
Bildhauer, Grafiker, Dichter
*1870 in Wedel/Holstein, †1938 in Rostock
Frau mit Äpfeln in der Schürze
Kohle, 40 × 49,9 cm, 1913

Ernst Barlach
Frau mit Äpfeln in der Schürze

»Schaut her, was ich hier in meiner Schürze habe,« scheint die Frau zu sagen; und ein breites Lachen überzieht ihr Gesicht. Doch »Vorsicht!« möchte vielleicht einer ihr zurufen: »Wenn du dich noch weiter nach hinten und zur Seite beugst, wirst du umfallen.« »Nein,« antwortet die Frau: »Ich erwarte noch viel mehr, meine Schürze wird noch viel voller werden, wie sollte ich dann noch stürzen können?«

Es ist eine wunderbare Bewegung in diesem Bild durch die Diagonale von links oben nach rechts unten, oder besser: von rechts unten nach links oben; und obwohl das rechte Bein der Frau offensichtlich fest auf dem Boden liegt, erinnert sie doch an eine Tänzerin: Die Geste, mit der sie den Rock vor den Betrachtenden ausbreitet, der wie ein Ballettschuh wirkende Schuh rechts unten. Unterstrichen wird dies noch durch den Schatten des Schuhs am äußersten rechten Bildrand: Wie wenn in der Dauerbelichtung eines Bildes Bewegung suggeriert würde.

Aufgefangen wird die Bewegung in der Diagonale nicht nur durch die feste Erdverbundenheit des nicht sichtbaren rechten Beines und die im Gegenschwung gezeichnete rechte Armlinie, auch durch die Erwartung, die der nach oben rechts gehobene Blick und die ausgebreitete Schürze ausdrücken. Die Gaben des Himmels bringen das Leben ins Lot.

Dabei ist das Bild schon fast ganz ausgefüllt. Es vermittelt einen Eindruck von Fülle. Leerer Raum ist nur noch rechts oben, also der Bereich, aus dem noch weitere Gaben erwartet werden. In der Tradition der Malerei ist dies der Raum Gottes oder des Transzendenten.

Diese Fülle wird nicht äußerlich sichtbar. In der Schürze liegen ja nur vier Äpfel! Es ist vielmehr die innere Bewegung, die dies bewirkt, das lachende Gesicht, die dankbare Hinwendung nach oben. Dankbarkeit und Freude sind eben nicht unbedingt von den äußeren Umständen abhängig. Die Haltung, die hier zum Ausdruck kommt, ist nicht selbstbezogen, sondern sie hat ihren Bezugspunkt in Gott.

Die Ausdrücke, mit denen in verschiedenen Kulturen Dankbarkeit ausgedrückt wird, sind sehr vielsagend. In einem Teil Afrikas sagt man »Danke!« mit einem vielleicht zunächst etwas merkwürdig wirkenden Bild: »Du bist eine gute Milchkuh!« Übertragen heißt das: »Du hast mich mit etwas Lebenswichtigem versorgt, und ich darf damit rechnen, dass du es auch in Zukunft tun wirst.« Im angelsächsischen Sprachraum wird auf ein »Danke!« häufig mit »You are welcome – Du bist willkommen!« geantwortet; und das bedeutet: »Ich tue es gern noch einmal für dich.«

Diese dankbare und freudige Erwartung und Zuversicht ist im Gesicht und in der Haltung der Frau mit den Äpfeln zu sehen. Ob wir uns davon anstecken lassen?

H.H.

Ernst Barlach
Christus in Gethsemane

»Meine künstlerische Muttersprache ist nun mal die menschliche Figur oder das Milieu, der Gegenstand, durch das oder in dem der Mensch lebt, leidet, sich freut, fühlt, denkt. ... Was der Mensch gelitten hat und leiden kann, seine Größe, seine Angelegenheiten (inklusive Mythos und Zukunftstraum) dabei bin ich engagiert«, schrieb Ernst Barlach am 28. Dezember 1911 an seinen Freund, den Verleger Reinhard Piper. Der Künstler ging dabei aus von konkreten Menschen, von der Situation, dem Verhalten und den Gefühlen des Einzelnen in der Welt, aber er wollte etwas aussagen, das über das individuelle Schicksal hinausgreift und für alle Menschen gültig bleibt.

Zum Holzschnitt *Christus in Gethsemane* ließ sich Ernst Barlach vom Bibeltext in Markus 14,32-42 inspirieren. Jesus, der sich auf die Erde geworfen hat und betet, füllt fast den gesamten Bildraum aus. Alle anderen Bildelemente, seien es Personen oder den Ort beschreibende Formen sind an den Rand gedrängt. Der Körper des Christus ist in die Diagonale gespannt, die von den eng geführten Strichlagen des Untergrundes verstärkt wird.

Die nach rechts abfallende Schräge vermittelt den Eindruck des Abrutschens, der Instabilität, der Gefährdung. Wie ein Mensch, der in ein Flussbett gestürzt ist und von herabrauschenden Wassern umflutet wird,

Ernst Barlach
Bildhauer, Grafiker, Dichter
*1870 in Wedel/Holstein, †1938 in Rostock
Christus in Gethsemane
Holzschnitt, 20,3 × 25,3 cm, 1919

kniet Jesus auf dem Boden. Aber er wird von den *Fluten* nicht mitgerissen, denn er ist nicht haltlos. Mit kraftvoller Gebärde stützt sich der zu Boden Gegangene mit den Händen auf die Erde. Die Senkrechte der beiden Arme gibt dem Bild etwas Stabiles, Verlässliches. Auch in der Stunde der Angst und Verzweiflung kommt Jesus nicht haltlos ins Rutschen, er stützt sich auf das Fundament des Glaubens, der auch in Todesangst trägt.

Barlach stellt nicht den Moment des getrösteten Einverständnisses dar, zu dem Jesus am Ende des Gebetskampfes findet. Durch die ungebärdige Kantigkeit des Holzschnittes zeigt uns der Künstler die innere Unruhe und Verzweiflung, mit der Jesus das Gebet im Garten Gethsemane beginnt:

Und er nahm mit sich Petrus und Jakobus und Johannes und fing an zu zittern und zu zagen und sprach zu ihnen: Meine Seele ist betrübt bis in den Tod.

Markus 14,33.34

Und wo finden wir auf diesem Blatt die oben genannten Freunde, die Jesus jahrelang auf seinem Weg als Wanderprediger begleitet haben? In der geknäuelten Linienführung des Hintergrundes sind die Schlafenden kaum zu erkennen.

Was sind Bäume, was sind menschliche Gestalten? Hinter der markanten Rückenlinie Jesu erkenne ich eine schräg hingelagerte Gestalt; sind die Formen rechts daneben vielleicht aufgestützte Köpfe? Über den Schultern des Betenden sind kleine Erhebungen zu entdecken, die wie mit Tüchern verhüllte Figuren aussehen - oder sind es Felsformationen? Deutlicher erkennbar ist die liegende Gestalt in der linken oberen Ecke, die in ihrer Schräglage der Schraffierung des Bodens zuwiderläuft.

Die Kleinteiligkeit der Linien in der Tiefe des Raumes lässt die Gegenstände im Unklaren, allein die Gestalt Jesu in ihrer dominierenden Kraft bleibt deutlich in ihren Umrissen. Die Figur ist durch größere Weißflächen im Gewand hervorgehoben aus der engen Linienführung der Umgebung. Kein Zweifel: der einsam leidende, in der Zwiesprache mit Gott knieende Mensch ist in diesem Bild im Mittelpunkt, demgegenüber treten die enttäuschenden Beziehungen zu seinen Freunden in den Hintergrund. Das entspricht dem Verlauf und der Botschaft der Passionsgeschichte für alle Zeiten.

Das Gesicht Jesu in diesem Holzschnitt könnte ein Selbstbildnis Barlachs sein. Es ist, als identifiziere sich der Künstler mit dem einsam Ringenden und Leidenden. Als er diesen Holzschnitt schuf, standen dem Künstler noch schwere Jahre bevor, vor allem die schlimme Zeit der Missachtung und Verleumdung im Nationalsozialismus. Für Barlach gehörten Leiden und Verzweiflung zum Leben des Menschen, dem er als Künstler Ausdruck verleihen wollte.

Im selben Jahr, in dem dieser Holzschnitt entstand, schrieb Barlach an Piper: *»Das dunkle Tal, der Aufblick aus der Verzweiflung zum fernen Stern ist so voll inneren Trostes, man darf nicht wünschen, dass irgendjemandem, der innerer Erlebnisse fähig ist, dies erspart würde. Sie mögen sagen, innere Nöte, seelische Geburtswehen gibt es auch da, wo äußerlich, bürgerlich alles nach Wunsch geht. Aber ich glaube doch, dass gerade diese parallele bürgerliche Bodenlosigkeit die richtige Verlorenheit um einen, wie einen allseitigen Abgrund und ewige Finsternis breitet. Wer kann die Grünewaldsche Passion* (Bildfolge des Isenheimer Altars von Matthias Grünewald) *empfinden, der nicht weiß, was Verstoßensein heißt. Nur kommt es darauf an, wer sie erleidet. Der Eine gewinnt daraus Tiefstes und Höchstes - der andere schimpft und wird ein Radikaler.«*

S.G.

Karl Schmidt-Rottluff
Maler und Grafiker
*1884 in Rottluff/Chemnitz, †1976 in Berlin
Große Prophetin
Holzschnitt, 50 × 39 cm, 1919

Karl Schmidt-Rottluff
Große Prophetin

Die Schrecken des Ersten Weltkrieges, den Karl Schmidt-Rottluff als Soldat in Russland und Litauen erlebte, verarbeitete der Künstler in der Hinwendung zu christlichen Motiven. Zwischen 1917 und 1920 schuf Schmidt-Rottluff 25 grafische Arbeiten, die im weiteren Sinne biblische Bezüge aufweisen. Drei dieser Grafiken, die alle im Jahr 1919 entstanden, sind in das Gesangbuch aufgenommen worden und werden in der Folge hier beschrieben. Der Titel *Große Prophetin* bezieht sich auf das Format des Holzschnittes von 50 × 39 cm im Gegensatz zur *Kleinen Prophetin* aus demselben Jahr in der Größe 18,1 × 11,9 cm. Mit dieser Arbeit hebt der Künstler die vier Prophetinnen hervor, welche die Bibel namentlich nennt. Miriam (2. Mose 15,20), Debora (Richter 4,4), Hulda (2. Könige 22,14) und Hanna (Lukas 2,36). Von Miriam wird erzählt, dass sie die Israelitinnen nach der Rettung am Schilfmeer im Lobpreis Gottes und im Reigentanz anführte; zu Debora kamen die Israeliten, um Recht sprechen zu lassen; zu Hulda sandte der König fünf Priester, um den Willen Gottes zu erfragen; schließlich wird Hanna genannt, die im Tempel über die Bedeutung des neugeborenen Jesus predigte.

Wie in einer Großaufnahme füllt der Kopf der Prophetin das gesamte Bild. Die weich fließende Umrisslinie umschließt ein schmales Gesicht, das uns frontal zugewandt ist. Der Bildausschnitt zeigt noch die Schulterpartie und die rechte, nach oben geöffnete

Hand. Es ist nicht erkennbar, in welcher Umgebung die Prophetin steht, es gibt keinen Tiefenraum. Auch die Gestalt selbst ist nicht plastisch modelliert, sondern sie bleibt flächig in einer Ebene mit dem Hintergrund. Diese in ein schwarzes und ein weißes Feld geteilte Hintergrundfläche wirkt wie ein dunkler Raum, in dem sich ein helles Fenster öffnet. Der Kopf erinnert an eine Maske, wie sie in afrikanischen Stammeskulturen geschnitzt wird. Tatsächlich war Karl Schmidt-Rottluff - und mit ihm andere Künstler zu Beginn des Zwanzigsten Jahrhunderts - fasziniert von der kraftvollen Formensprache Schwarzafrikas. Die Einflüsse der afrikanischen Kunst lassen sich ablesen in der Vereinfachung des Motivs, der Steigerung der Form und der Intensivierung des Ausdrucks.

Der Künstler reduziert das Gesicht auf die einfachsten Formen. Die Augenbrauen gehen über in die Umrisslinie der langen, geraden Nase, welche das Gesicht in zwei ungleiche Hälften teilt. Unter dem linken Auge ist mit parallelen Einkerbungen eine Schattenzone angedeutet, während die rechte Gesichtshälfte im lichten Weiß gehalten ist. Der schwarze Punkt auf der linken Wange ist nicht zu übersehen und lässt über die Bedeutung spekulieren. Ist es ein Muttermal? Ist die Prophetin schon von Geburt an gezeichnet, *aus*gezeichnet? Die senkrechten Linien des schmalen Gesichtes werden kompositorisch aufgefangen durch die leicht geöffneten Lippen sowie die waagerechten Schraffuren im Schulterbereich und auf der Hintergrundfläche. Auf dem Kopf wird durch gekreuzte Einkerbungen eine Kopfbedeckung angedeutet. Diese geometrisch wirkenden Formen, die weit entfernt sind vom klassischen Schönheitsideal, verleihen dem Gesicht etwas Urtümliches und Kraftvolles, etwas Unverrückbares und in sich Ruhendes. Nur die linke nach oben geöffnete Hand mit den leicht gebogenen Fingern bringt Bewegung in die strenge Ordnung. Es ist die Geste des Redens, die Geste der Verkündigung einer unbedingt gültigen Botschaft.

Aber da ist noch etwas, was zur Lebendigkeit des Bildes beiträgt: die Augen sind ungleich. Das rechte Auge ist geöffnet und schaut aus dem Bild heraus, das linke dagegen ist zu einem Strich verengt, als sei es geschlossen. Ein Auge ist beobachtend auf das äußere Geschehen gerichtet, das andere wendet den Blick meditativ nach innen. Damit zeigt dieses Gesicht die Spannung, unter der die Prophetin steht: einerseits nimmt sie deutlich die Wirklichkeit wahr, die politische, wirtschaftliche und soziale Situation ihres Volkes, andererseits ist sie dem Willen Gottes verpflichtet, dessen Stimme oft nur leise im Inneren vernehmbar ist. Die erlebte Realität und die geschaute Vision, das Wohlleben der Gesellschaft und die Gerichtsdrohung, der beobachtete Tod und das zugesagte Leben, - in dieser Spannung steht die Gestalt vor der schwarzen und weißen Fläche des Hintergrundes. Aus dieser Spannung heraus greift sie ein in das Geschehen. Sie erhebt ihre Stimme im Namen Gottes:

So spricht der Herr, der Gott Israels! *2.Könige 22,15ff*

S.G.

Karl Schmidt-Rottluff
Maler und Grafiker
*1884 in Rottluff/Chemnitz, †1976 in Berlin
Christus und Nikodemus
Holzschnitt, 49,8 × 39,6 cm, 1919

Karl Schmidt-Rottluff
Christus und Nikodemus

Auf den ersten Blick befremdet das Bild. Die großen schwarzen Flächen wirken düster, die beiden Gestalten sind keine »schönen« Menschen. Wir erkennen sofort: diesem Künstler geht es nicht um Schönheit im herkömmlichen Sinne, nicht darum, ein gefälliges Bild zu zeigen. Karl Schmidt-Rottluff widersetzt sich den Erwartungen an eine naturgetreue Wiedergabe der biblischen Szene (Johannes 3,1-21). Was aber will der Künstler mit diesem ungewöhnlichen Bild ausdrücken? Schauen wir uns einmal ruhig und aufmerksam die einzelnen Bildmotive an, um ihre Aussage zu erschließen.

Vor einem dunklen Hintergrund, der durch einige Sterne als Nachthimmel gekennzeichnet wird, hebt sich eine leuchtend helle Gestalt ab. Weit heller als die Sterne ist sie die eigentliche Lichtquelle in dunkler Nacht. Ihre Bedeutung wird auch dadurch unterstrichen, dass die Gestalt sich fast über die gesamte Bildhöhe erstreckt, vom unteren bis zum oberen Bildrand. Der strahlende Schein um den bärtigen Kopf weist diesen Mann als Christus aus. Karl Schmidt-Rottluff hat das Gesicht auf einfachste Formen reduziert: eine gerade Nase ist mit den Bögen der Augenbrauen verbunden, die Augen sind zu schmalen Linien geschlossen, die Lippen sind zum Sprechen geöffnet. Ein dunkler Bart mit kammartigen Einkerbungen schließt das lichte Gesicht nach unten ab. Trotz dieser sparsamen Bildmittel wirkt das Gesicht freundlich und dem Gegenüber zugewandt. Vor dem weißen Gewand heben sich die Umrisse der linken Hand ab, die zum Segen erhoben ist. Jesus scheint nach rechts gerichtet in Seitenansicht zu sitzen, wobei sich sein Oberkörper den Betrachtenden frontal entgegendreht.

Die Gestalt Jesu ist aus der Holzplatte herausgeschnitten, nur die Umrisse sind als Stege stehengeblieben. Allein diese schmalen Holzstege drucken die schwarze Farbe auf den Papierbogen. Umgekehrt arbeitete der Künstler bei der Figur des Nikodemus, der vor Jesus kniet. Bei seiner Gestalt wurden nur die Konturen ins Holz geschnitten. Die Körpermasse wird schwarz gedruckt, die Umrisse bleiben weiß ausgespart.

Nicht nur der Körper, auch der Kopf des Nikodemus erinnert in maskenartiger Strenge an eine afrikanische Plastik. Ebenso weisen die wulstigen Lippen, die sich zu einem runden, sprechenden Mund formen, auf die tiefe Wertschätzung hin, welche die Expressionisten, zu denen Karl Schmidt-Rottluff zu zählen ist, der Kunst sogenannter primitiver Völker entgegenbrachten. Die Expressionisten sahen in der afrikanischen Stammeskunst den Ausdruck des Einfachen, Ursprünglichen, dem eigenen Wesen nicht Entfremdeten und übernahmen in ihren eigenen Arbeiten deren Stilmittel.

Jesus und Nikodemus sind im Gespräch miteinander. Der Rangunterschied in der Beziehung der beiden Männer ist deutlich: Licht und Dunkel, oben und unten - im Abstand von drei Stufen. Die segnende Hand dessen, von dem Nikodemus sagt:

Meister, wir wissen, du bist ein Lehrer, von Gott gekommen
Johannes 3,2

und die anbetend erhobenen Hände des suchenden und fragenden Pharisäers weisen auf diesen Unterschied hin. Nikodemus ist offensichtlich nicht mehr jung, denn nur ein Haarkranz umschließt seinen sonst kahlen Kopf. Das Größenverhältnis von Kopf und Körper kommt aber dem eines Kleinkindes nahe; Nikodemus erscheint nackt in Rückenansicht. All diese Bildelemente sind wie ein Hinweis auf die Frage des Pharisäers:

Wie kann ein Mensch geboren werden, wenn er alt ist? Kann er denn wieder in seiner Mutter Leib gehen und geboren werden? *Johannes 3,4*

Der betagte Mann kniet nackt vor Jesus, als sei er gerade durch Jesus Christus neu geboren worden, denn nur so

kann er ... in das Reich Gottes kommen *Johannes 3,5*

Über die sehr ungewöhnlichen Körperproportionen in manchen seiner Bilder schrieb Karl Schmidt-Rottluff 1913 an Gustav Schiefler: *»Ich bin verschiedentlich zu einer Steigerung der Formen gekommen, die zwar den naturwissenschaftlich gefundenen Proportionen widerspricht, die aber in ihren geistigen Beziehungen ausgeglichen und proportional ist. Köpfe habe ich oft im*

Verhältnis zu den anderen Körperformen ins Ungeheure gesteigert, als einen Sammelpunkt aller Psyche, allen Ausdrucks.«

Nikodemus hat - wie auch andere Gestalten in den Holzschnitten Schmidt-Rottluffs - zwei unterschiedliche Augen. Das rechte, weit geöffnete sieht Jesus an, das linke ist zu einem Strich geschlossen, als verweigere es sich dem Anblick. Auch andere Körperteile des Knieenden sind verschieden gestaltet: der rechte Fuß ist hell, ebenso die linke Hand und die linke Gesichtshälfte, alles andere bleibt im Dunkeln. Dadurch erhält dieses Bild eine große Lebendigkeit und intensive Spannung. Es ist, als wenn Dunkel und Licht, Suchen und Erkennen, Zweifel und Glaube in diesem Menschen noch miteinander ringen, und doch streckt sich der im Dunkel Knieende dem Licht Christi entgegen.

S.G.

Karl Schmidt-Rottluff
Christus bei Maria und Marta

Karl Schmidt-Rottluff schrieb während des Ersten Weltkrieges an seinen Freund Ernst Beyersdorf: *»Ich habe jetzt sehr den Druck, noch möglichst Starkes zu schaffen - der Krieg hat mir richtig alles Vergangene weggefegt -, alles kommt mir matt vor, und ich sehe die Dinge plötzlich in ihrer furchtbaren Gewalt. Ich habe nie die Kunst gemocht, die ein schöner Augenreiz war und sonst nichts, und doch merke ich elementar, dass man zu noch stärkeren Formen greifen muss, so stark, dass sie der Wucht eines solchen Völkerwahnsinns standhalten.«*

Starke Formen wählt der Künstler in der Tat im vorliegenden Holzschnitt. Er verzichtet auf Zwischentöne und lässt Licht- und Schattenzonen hart aufeinanderprallen. Kantige Strahlen- und Zackenelemente überwiegen und tragen zur Dramatisierung des Geschehens bei. Mit dieser spröden Bildersprache müssen wir uns erst vertraut machen.

Das Thema ist eine Dreiecksbeziehung mit einem Tisch im Mittelpunkt. Um den Tisch geht es in diesem Gespräch mit Jesus, um die Bewirtung der Gäste im Hause von Marta und Maria (Lukas 10,38- 42).

Auf eine detailgetreue Beschreibung der Umgebung verzichtet Schmidt-Rottluff. Der Innenraum ist mit einfachsten Mitteln angedeutet durch das Fenster mit

Karl Schmidt-Rottluff
Maler und Grafiker
*1884 in Rottluff/Chemnitz, †1976 in Berlin
Christus bei Maria und Marta
Holzschnitt, 49,8 × 39,4 cm, 1919

Blick auf den nächtlichen Sternenhimmel und den Tisch, auf den wir mit leichter Obersicht schauen. Der Tisch bildet die hellste Zone des Bildes, um ihn sind Jesus, Marta und Maria gruppiert. Marta ist die einzige Person, die steht. In den Händen hält sie ein Gefäß mit Broten. Der Schatten des Gefäßes bildet sich als Parallelschraffur auf dem Tisch ab. Martas helles Kleid ist in der Taille zusammengefasst und fällt in tiefen Falten herab.

Marta war mit einem Vorwurf herzugetreten:

Herr, fragst du nicht darnach, dass mich meine Schwester lässt allein dienen? Sage ihr doch, dass sie mir helfen soll!
Lukas 10,40

Aber sie, die sich bei Jesus über ihre Schwester beklagt, wird nun von Jesus selbst zurechtgewiesen:

Marta, Marta, du hast viel Sorge und Mühe. Eins aber ist not. Maria hat das gute Teil erwählt; das soll nicht von ihr genommen werden. *Lukas 10,41.42*

Diesen Augenblick hat der Künstler ins Bild gesetzt, denn wie eine Angeklagte steht Marta vor Jesus und Maria, die sie anschauen. Mit eingezogenem Kopf hat Marta ihre Augen demütig geschlossen. Jesus und Maria sind sowohl durch das Sitzen als auch durch die dunkle Farbe des Gewandes miteinander verbunden. Maria sitzt entspannt ihrer Schwester gegenüber, ihr Gesicht ist Marta im Profil zugewandt. Die linke Hand hat sie zum Empfangen geöffnet, mit der rechten stützt sie sich auf der Sitzfläche ab. Mit weichen Rundungen hat der Künstler Marias Umrisse ins Holz geschnitten. Ihre aufrechte Haltung ist wie ein Zeichen dafür, dass Jesus sie ins Recht gesetzt hat. Die Personen sind so nahe an die Betrachtenden herangerückt, als sollten sie in das Gespräch einbezogen werden.

Aufrecht und hoheitsvoll sitzt Jesus hinter dem leicht schräg gestellten Tisch. Er ist den Schwestern und den Betrachtenden frontal zugewandt und hält die linke Hand in einem Redegestus empor. Als gebündelte Energie strahlt das Licht von seinem Kopf aus. Der obere Teil der Strahlen bildet eine Krone. Der Künstler zeigt uns hier einen machtvollen Christus mit starker Ausstrahlung.

In der Szene um den gastlichen Tisch zeigt sich, dass das Eintreten Jesu in dieses Haus einen Konflikt zwischen den Schwestern aufdeckt. Wie sind die Rollen untereinander verteilt? Tut eine zu wenig, die andere zu viel? Es muss geklärt werden, welchen Stellenwert die leibliche Versorgung des Gastes hat und welchen seine Wertschätzung durch Zuhören. Kann man eines gegen das andere ausspielen? Gehört nicht beides zusammen? Festzuhalten ist: Die beiden Frauen können nicht mehr weitermachen wie bisher. Klärende Gespräche sind nötig über ihre Beziehungen zueinander. Jesus Christus verändert die Situation. Nichts bleibt mehr wie es war.

S.G.

Max Beckmann
Jakob ringt mit dem Engel

»Eigentlich ist es ja sinnlos, die Menschen, diesen Haufen von Egoismus (zu dem man selbst gehört) zu lieben. Ich tue es aber trotzdem. Ich liebe [die Menschen] mit all ihrer Kleinlichkeit und Banalität. Mit ihrem Stumpfsinn und billiger Genügsamkeit und ihrem ach so seltenen Heldentum. Und trotzdem ist mir jeder Mensch täglich immer wieder ein Ereignis, als wenn er eben vom Orion heruntergefallen wäre.« Als Max Beckmann dies 1918 schrieb, war er 34 Jahre alt. Den Ersten Weltkrieg hatte er als freiwilliger Sanitäter an der Ostfront und in Flandern mitgemacht, wo er in Typhusbaracken und Operationssälen gearbeitet und den Giftgaskrieg miterlebt hatte. *»Jetzt haben wir vier Jahre dem Entsetzen täglich in die Fratze gesehen«*, schrieb er, aber diese schrecklichen Erlebnisse brachten seine Liebe zum Menschen nicht zum Erlöschen, sondern vertieften sie im Gegenteil. In Ölbildern und grafischen Bilderserien beschäftigte er sich mit dem Menschen in unterschiedlichen Lebenslagen, oft in Extremsituationen, wo es um Leben und Tod geht. In Porträts, Selbstbildnissen, Großstadtszenen, im Zirkusmilieu oder in mythischen Sinnbildern, immer steht bei Beckmann der Mensch im Mittelpunkt seines Schaffens.

Nach dem Ersten Weltkrieg ist die Kaltnadelradierung sein bevorzugtes künstlerisches Medium. Es entstehen vier grafische Folgen unter den Themen *Gesichter* (1919), *Die Hölle* (1919), *Jahrmarkt* (1921) und *Berliner*

Max Beckmann
Maler und Grafiker
*1884 in Leipzig, †1950 in New York
Jakob ringt mit dem Engel
Kaltnadelradierung, 28,7 × 22,2 cm, 1920

Reise (1922). In diesen Folgen setzt sich Beckmann kritisch und anklagend mit den sozialen Verhältnissen auseinander. In seinem fast fünfzigjährigen künstlerischen Schaffen hat sich Max Beckmann etwa zwölf Jahre lang mit biblischen Themen beschäftigt, nämlich 1908 bis 1920. Die vorliegende Radierung *Jakob ringt mit dem Engel*, die 1920 entstand, gehört also zu den letzten Arbeiten mit biblischen Inhalten. Hier bezieht sich der Künstler auf 1.Mose 32,23-33.

Jakob und der Engel sind in der Mittelachse des Bildes miteinander verklammert und füllen die ganze Bildhöhe aus. Sie sind die Handlungsträger einer Szene, die sich vor einer Leiter abspielt, welche sich nach oben verjüngend in den Himmel fortzusetzen scheint. Die Leiter und die auf der Erde liegenden Steine erinnern an die Vision (1.Mose 28,10- 22), die Jakob viele Jahre zuvor auf der Flucht vor der Rache seines Bruders hatte. Damals hatte er den Himmel offen gesehen und die Stimme Gottes in einer Verheißung gehört. Diese Verheißung Gottes hat sich in Jakobs Leben erfüllt: Frauen, Söhne und Töchter sowie unermesslich große Viehherden begleiten seine Rückkehr aus der Fremde in die Heimat. Jakob ist auf dem Gipfel des Erfolgs, als ihn beim Übergang über den Grenzfluss die Schuld seines Lebens einholt. Wird sein Bruder nach den vielen Jahren zur Versöhnung bereit sein, oder lebt noch der Wunsch nach Rache in ihm? Furcht überfällt den so selbstbewussten Patriarchen, und er verbringt eine unruhige Nacht, allein am Ufer des Jabbok.

Max Beckmann zeigt uns in dieser Radierung Jakob in der tiefsten Krise seines Lebens. Der Mond ist noch als schmale Sichel hinter der Himmelsleiter zu erkennen, schon geht hinter einer Felsnadel das dunkle Rund der Sonne auf, da erfährt Jakob etwas Überwältigendes. Er sieht einen Mann vor sich. Auf einer der oberen Leitersprossen sitzend richtet dieser seinen Oberkörper hoch auf, die Füße stemmt er kraftvoll gegen die unteren beiden Sprossen. Die besondere Ausstrahlung und göttliche Kraft dieses Gegenübers setzt der Künstler mit einem Strahlenkranz ins Bild.

Jakob sehen wir von hinten, den Kopf im Dreiviertelprofil über die linke Schulter gedreht. Er hockt auf der untersten Sprosse der Leiter und umklammert mit den Armen die Gestalt vor ihm. Sein linkes Auge ist geschlossen, mit dem rechten sieht er an der Erscheinung vorbei aus dem Bild hinaus. Sieht er den Mann tatsächlich oder spürt er ihn nur? Auf jeden Fall ist Jakob bewusst, dass er seine tiefe Lebenskrise allein nicht bewältigen kann, dass er die göttliche Kraft, den Segen seines Gegenübers braucht, um seinem Bruder ins Auge zu sehen und sein Verhältnis zu ihm in Ordnung zu bringen. In seiner Angst hält er den Unbekannten fest:

Ich lasse dich nicht, du segnest mich denn. *1.Mose 32,27*

Und die Gestalt vor ihm hebt die segnenden Arme über Jakob, schaut aus dem Bild heraus und legt den Segen auf alle Menschen, die sich in Verzweiflung zu ihm flüchten und den Beistand Gottes erbitten.

S.G.

Christian Rohlfs
Die Bergpredigt

Christian Rohlfs wurde 1849 in Niendorf/Holstein geboren. Im Alter von 15 Jahren stürzte er von einem Baum und verletzte sein rechtes Bein schwer, was ihn Zeit seines Lebens beim Gehen stark behinderte. Lange musste er nach dem Unfall liegen. In dieser Zeit begann er zu zeichnen. Der Bruder seines Arztes, es war der Dichter Theodor Storm, entdeckte Rohlfs Talent und überredete den Vater, Christian Maler werden zu lassen. 1869 kam Rohlfs an die Großherzogliche Akademie in Weimar, wo er bis zu seiner endgültigen Übersiedlung nach Hagen/Westfalen im Jahre 1901 blieb und dort 1938 starb. Christian Rohlfs galt immer als Einzelgänger der Kunst, aber auch als Erneuerer, der bis in sein hohes Alter auf der Höhe seiner Zeit war. Er ist der eigentliche Begründer der deutschen Freilichtmalerei. Seine Bilder sind oft lichtdurchflutet. Der Erste Weltkrieg erschütterte den Künstler tief. Monatelang konnte er nicht malen. Dann entstanden Bilder mit symbolischen und religiösen Themen, auch zur Bibel.

Beim Betrachten des Holzschnitts *Bergpredigt* fallen wohl als Erstes die Größenverhältnisse auf. Jesus ist überdimensional groß. Er nimmt den ganzen Vordergrund ein und steht dort wie auf einer Bühne. Auf ihn kommt es an. Er steht auch im übertragenen Sinne im Vordergrund. Oder ist das, was er sagt, etwa »abgehoben« – wie manche über die Bergpredigt (Matthäus 5-7) und die Feldrede (Lukas 6,17-49) urteilen?

Christian Rohlfs
Maler und Grafiker
*1849 in Niendorf/Holstein, †1938 in Hagen/Westfalen
Die Bergpredigt
Holzschnitt/Karton, 52 × 41,4 cm, 1922

Dahinter, darunter eine sehr differenzierte Zuhörerschaft: Ganz vorn rechts einer, der ihm die Hand entgegenstreckt. Ein Arm scheint in einer Schlinge zu hängen. Ist er verletzt? In seinen Augenhöhlen sind nur dunkle Punkte. Ist er blind? Vielleicht durch einen Giftgasangriff, wie er im Ersten Weltkrieg häufig vorkam? Christian Rohlfs schuf seinen Holzschnitt 1922, also wenige Jahre nach dem Ende des Ersten Weltkriegs.

Hinter dem Verletzten zwei Personen. Einer neigt seinen Kopf und hält sich die Hand vor den Mund. Ist dies eine Verlegenheitsgeste? Ist er betroffen? Oder will er eigentlich etwas sagen, traut sich aber nicht? Der andere scheint sich zu recken, um direkten Blickkontakt zu Jesus zu haben. Sein Kopf ist erhoben, sein Blick nach oben gerichtet. Er lässt ihn nicht aus den Augen.

Daneben steht einer mit einem langen Bart. Seine Augen sind zugekniffen, seine Mundwinkel hängen herab. Ist er nicht einverstanden? Lehnt er das Gehörte und den Bergprediger ab? Vielleicht gehört er zu dem Teil der jüdischen Theologenzunft, die sich immer wieder mit Jesus anlegte.

Links von dem Bärtigen sehen wir ein Gesicht im Profil, etwas geneigt, als ob dieser Mensch sich abwendete und voller Eile den Ort verlassen müsste. Hat ihn etwas so sehr getroffen? Oder reicht es ihm einfach? Trägt er eine Robe, einen Talar? Es ist nicht genau auszumachen. Daneben ist jemand »ganz Auge«. Mehr ist von seinem (ihrem?) Gesicht nicht zu sehen. Und links von Jesus eine kleine Dreiergruppe. Einer hat den Mund geöffnet. Staunt er? Höhnt er? Fragt er? Ruft er? Daneben schiebt sich ein Gesicht gerade noch ins Bild. Es könnte ein junges Mädchen sein; und dahinter scheint einer sich hochzurecken, um auch noch sehen zu können, was geschieht. Vielleicht wird es ihm ergehen wie Zachäus, der auf einen Maulbeerbaum stieg, um Jesus sehen zu kennen. Dort entdeckt ihn Jesus: *»Zachäus, ich muss heute in deinem Hause einkehren«* (Lukas 19,5).

Sehr verschieden sind die Menschen, die Jesus zuhören. Sehr unterschiedlich sind ihre Reaktionen. Jeder einzelne ist hier als unverwechselbares Individuum gesehen. Wie sollte es auch anders sein? *»Die Bergpredigt ist ein Weg zur Selbsterkenntnis und zur Welterkenntnis«*, sagt der Publizist Franz Alt. Vor diesen so unterschiedlich agierenden und reagierenden Menschen, in denen sich mancher Betrachtende vielleicht selbst erkennen kann, geht Jesus hin und her, die linke Hand wie zu einer Segensgeste ausgestreckt, die rechte greift ein Stück seines Umhangs am Oberschenkel. Seine Bewegung ist voller Kraft und Dynamik. Er wirkt auf die Zuschauenden und Zuhörenden. Er hat Ausstrahlung, das zeigt die Aureole um seinen Kopf. Er wirkt auf die Menschen unten am Berg. Sie reagieren. Das zeigen ihre Gesten und Gesichter. Selbst die Blätter der Bäume sehen aus wie erhobene Finger, die (auf etwas) deuten:

Wer Ohren hat, der höre! *Matthäus 11,15*

Wer Augen hat, der sehe!

H.H.

Alexej von Jawlensky
Kopf (schweigend)

»Jeder Künstler arbeitet in einer Tradition. Einige nehmen ihre Tradition von der Kunst der Griechen, andere von der Renaissance. Ich bin geborener Russe. Meiner russischen Seele war immer nahe die altrussische Kunst, die russischen Ikonen, die byzantinische Kunst, die Mosaiken von Ravenna, Venedig, Rom und die romanische Kunst. Alle diese Künste hatten meine Seele immer in eine heilige Vibration gebracht, da ich dort eine tiefe geistige Sprache fühlte. Diese Kunst war meine Tradition.« Mit diesen Worten wandte sich Jawlensky 1939 in einem Brief an den nationalsozialistischen Landeskulturverwalter, den er um die Erlaubnis bat, seine Bilder ausstellen und verkaufen zu dürfen. Die erbetene Erlaubnis wurde ihm nicht erteilt.

Alexej von Jawlensky stammte aus einer Familie, deren Männer hohe Stellungen im Militär innehatten, so dass auch Alexej der Familientradition folgend zunächst die militärische Laufbahn einschlug. Als 16-Jähriger besuchte er in Moskau eine Kunstausstellung, von deren Besuch er später schrieb: *»Meine Seele war so erschüttert, dass ich von einem Saulus zu einem Paulus geworden bin. Das war der Wendepunkt meines Lebens. Seitdem war die Kunst mein Ideal, das Heiligste, nach dem sich meine Seele, mein ganzes Ich sehnte.«* Im Alter von 32 Jahren beendete Jawlensky seine militärische Laufbahn, um sich ganz der Kunst zu widmen. Er zog nach München, wo er ein dreijähriges

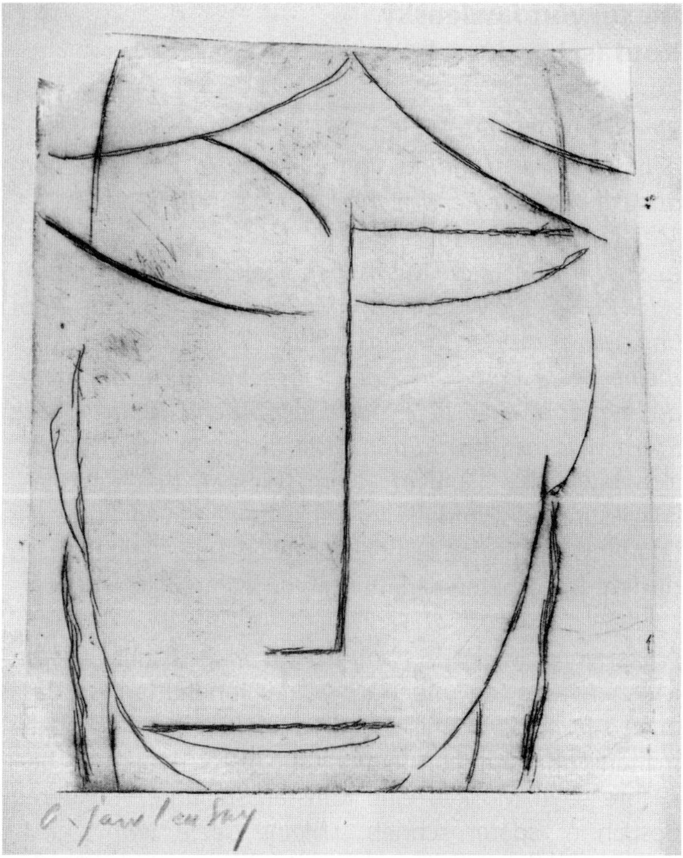

Alexej von Jawlensky

Maler und Grafiker

*1864 in Torschok (Russland), †1941 in Wiesbaden

Kopf (schweigend)

Kaltnadelradierung, 18 × 15 cm, nach 1923

Kunststudium absolvierte. Im Laufe seiner künstlerischen Entwicklung fand Jawlensky sein wichtigstes Thema, das ihn nicht mehr loslassen sollte: das menschliche Gesicht. Malte er zunächst ausdrucksstarke, intensiv farbige Porträts, so gab er später die Vorstellung auf, ein realistisches Abbild eines individuellen Menschen gestalten zu müssen. In unermüdlich gemalten Variationen stilisierte Jawlensky das menschliche Antlitz so lange, bis es zu einem Zeichen des vergeistigten Gesichtes wurde und menschliche Allgemeingültigkeit erlangte. Die Form des Gesichtes reduzierte der Künstler auf immer weniger Linien, welche sich durch die Senkrechte des Nasenrückens und die Waagerechte der Augenpartie einer Kreuzform annähern. Das Expressive, das früher seine Köpfe bestimmt hatte, wich nun stiller Kontemplation. *»Dann war mir notwendig, eine Form für das Gesicht zu finden, da ich verstanden hatte, dass die große Kunst nur mit dem religiösen Gefühl gemalt werden soll. Und das konnte ich nur in das menschliche Antlitz bringen«*, schrieb der Künstler 1917 im Schweizer Exil.

Alexej von Jawlensky nahm die Tradition der Ikonen auf, die dem Maler als russisch-orthodoxer Christ vertraut waren. Das Malen selbst bedeutete für ihn einen religiösen Vorgang, es war ein betendes Malen. Er schrieb: *»Die Kunst ist Sehnsucht zu Gott«*. Anfang der 1930er Jahre wurden seine Hände steif und er musste unter großen Schmerzen den Pinsel mit beiden Händen halten. Die Künstlerin Lisa Kümmel erledigte in den letzten Lebensjahren Jawlenskys seine Korrespondenz. Ihr diktierte er seine Lebenserinnerungen und ein Verzeichnis seiner Werke. Seine Bildformate wurden immer kleiner. *»Ich sitze und arbeite. Das sind meine schönsten Stunden. Ich arbeite für mich, nur für mich und meinen Gott. Die Ellbogen schmerzen dabei sehr. Oft bin ich wie ohnmächtig vor Schmerzen. Aber meine Arbeit ist mein Gebet, aber ein leidenschaftliches, durch Farben gesprochenes Gebet. Ich leide. Ich muß viel arbeiten und ich tue das. Gott weiß, wie lange ich den Pinsel noch halten kann. O Gott!«* Jawlensky nannte diese kleinformatigen Gesichte in Erinnerung an den Andachtscharakter russischer Ikonen *»Meditationen«.*

Nur selten verzichtete Jawlensky auf die Farbe. Das hier vorgestellte Bild ist eines der wenigen schwarz- weißen Blätter. Es ist ein Radierung. Das Gesicht ist frontal gesehen und auf die Mittelachse ausgerichtet. Oben und unten ist der Kopf beschnitten, so dass allein das Gesicht die Bildfläche ausfüllt. Die senkrechte Nasenlinie knickt über dem Mund rechtwinklig nach links. Der Mund, etwas aus der Mitte nach links gesetzt und im Schweigen geschlossen, unterstreicht die Strenge der Linien. Die Augen sind mit zwei einfachen, nur leicht aus der Waagerechten geschwungenen Linien geschlossen, der Blick ist nach innen gerichtet. Die Augenbrauen sind asymmetrisch darüber gesetzt, sie halten das ansonsten beruhigte Gesicht in einer fruchtbaren Spannung. Ist die eine hochgezogene Augenbraue ein Ausdruck der Aufmerksamkeit, der Frage vielleicht, während die andere in entspanntem Einverständnis verharrt? Weist die einzige Bewegung im Gesicht auf einen inneren Dialog hin? Von den angedeuteten Ohren hängen die schmalen Bänder von Haarlocken herab. Die wie ein Giebel zur Mitte schwingende Haarlinie im Stirnbereich und der ovale Bogen, der Kinn und Wangen begrenzt, umschließen die Gesichtsfläche fast symmetrisch. Auf den ersten Blick wirken manche Linien wie mit dem Lineal gezogen, wenn man aber genau hinschaut, erkennt man, dass der Künstler mit der Radiernadel die feinen Striche empfindsam tastend und immer wieder absetzend zusammenfügt.

Die Lebensgeschichte eines Menschen gräbt Spuren in das Gesicht. Das Gesicht spiegelt die Gefühle nach außen, mit ihm nimmt der Mensch Kontakt auf zu seiner Umgebung. Dieses Antlitz aber, das uns Jawlensky vor Augen führt, gibt nichts preis vom Leben und den Gefühlen des Menschen, es ist verschlossen, in sich gekehrt. Dieser Mensch verweigert den Kontakt nach außen, er ist ganz versunken in Gedanken und innere Bilder.

Mit der abweisenden Wendung nach innen steht dieses Gesicht in schroffem Gegensatz zum Trend unserer Zeit, in der es vor allem um Außenwirkung und Imagepflege geht. Die Radierung Jawlenskys mahnt uns, dass der Kontakt nach außen nur eine Seite unseres Lebens ist. Genauso wichtig ist der Kontakt nach innen, der Kontakt zu mir selbst, zu meinen Gefühlen und Bedürfnissen. Auch in der Beziehung zu Gott bedarf es beider Richtungen: Hören, Erfahren, Aufnehmen einerseits und das Innehalten, Verarbeiten, Antworten andererseits.

S.G.

Hermann Fechenbach
Maler und Grafiker
*1897 in Bad Mergentheim, †1986 in Denham/Bucks (England)
Gott versucht Abraham
Holzschnitt, 6,4 × 6,4 cm, 1926

Hermann Fechenbach
Gott versucht Abraham

Wie ein Ausschnitt aus einem größeren Blatt wirkt das Bild, das hier sogar leicht vergrößert wiedergegeben wird. Doch es ist vollständig. Hermann Fechenbach reduziert die Darstellung auf das Wesentliche. *»Kunst heißt weglassen«* empfahl zu der Zeit einer seiner Lehrer, Max Liebermann.

Wir sehen eine karge, leicht hügelige Landschaft, Wolkengebirge wie vor einem nahenden Gewitter, einen vom Sturm zerzausten Baum und Abraham, angespannt, erwartungsvoll, hörend. Sonst nichts. Abraham sieht einen Lichtstrahl aus der Richtung, aus der er die Stimme Gottes hört. Er öffnet erwartungsvoll seine leeren Hände. Trotz der schlichten Szenerie hört man fast den Wind durch die Äste brausen, Abraham mitten ins Gesicht. Der »Wind« steht Abraham entgegen. Wo kommt er her? Die karge Landschaft entspricht der äusserst knappen biblischen Erzählung:

Nach diesen Geschichten versuchte Gott Abraham und sprach zu ihm: Abraham! Und er antwortete: Hier bin ich.

1.Mose 22,1

»Hier bin ich«, ist die schnörkellose Antwort, die Abraham über die Lippen bringt. Und wieder ist es ein Weg in die Wildnis und Einsamkeit, den Gott ihm aufzwingt. Was Gott zu ihm sagt, ist ihm unverständlich, ja es muss ihm zuwider sein:

Nimm Isaak, deinen einzigen Sohn, den du lieb hast, und geh hin in das Land Morija und opfere ihn dort zum Brandopfer auf einem Berge, den ich dir sagen werde. *1.Mose 22,2*

Der konzentrierte Blick, die schicksalsergeben dargereichten offenen Hände und der umgelegte Gürtel werden zu Zeichen der Unterordnung und Bereitschaft zu tun, was Gott befiehlt. Abraham ist auf dem Tiefpunkt seiner Hilflosigkeit angekommen. *»Gott, ich kann nicht mehr. Ich habe dir alles gegeben und ich werde dir alles geben. Ich tue, was du willst!«* Gott führt, Gott zeigt den Weg, das hatte er Abraham versprochen. Auch wir können das oft nur glauben, das heißt, darauf vertrauen. Sonst wäre es manchmal zum Verzweifeln.

»Bereitschaft« würde ich das Bild gern nennen. Abraham stellt sich Gott auf seinen Zuruf hin zur Verfügung. Seine Hände sind leer. Er schleppt nicht mühsam noch einige Aufgaben mit sich herum, er hat nicht noch einiges zu erledigen und kann deshalb erst in ein paar Tagen gehen. Nein, er wird sofort gehen. Wenn Gott redet und wir ganz genau spüren, was wir zu tun haben, dann haben wir keine Zeit mehr für anderes, dann fordert Gott unsere ganze Konzentration. Dann ist nur noch das, was er uns zu sagen hat, wichtig. Auch wenn diese als Versuchung bezeichnete Zwiesprache eigentlich absurd ist. Abrahams Glaube an Gottes Führung, ja an seinen Segen, der sich auch in einem wachsenden Volk ausdrücken soll, wurde aufs neue schwer belastet. Was Gott von Abraham verlangt ist genau das Gegenteil von Wachstum! Gott macht es Abraham wahrlich nicht leicht. Muss Versuchung so aussehen?

Das Bild gehört zu einer Serie von 137 Holzschnitten zum 1. Mosebuch (Genesis), die der Grafiker Hermann Fechenbach zwischen 1926 und 1936 noch in seiner deutschen Heimat geschaffen hat. Das Besondere dabei ist, dass alle Bilder in dem kleinen Format 64 × 64 mm in Holz geschnitten sind, das den Künstler zwingt, sich auf das Wesentliche zu beschränken. Und so sind Fechenbach 137 köstliche, ausdrucksstarke Miniaturen zur Genesis gelungen, voller Glauben, aber auch voller Leben und Gefühlsausbrüchen, für die es in der christlich-jüdischen Kunst nichts Vergleichbares gibt.

Hermann Fechenbach gehört heute leider zu den fast vergessenen Künstlern seiner Generation. 1897 wurde er in Bad Mergentheim (Württemberg) geboren. Er wuchs in der Tradition einer sehr alten deutschen jüdischen Familie auf, machte den Ersten Weltkrieg an vorderer Front mit, wurde schwer verwundet und verlor ein Bein. Seine künstlerische Ausbildung begann er erst danach, 1918, in Stuttgart und setzte sie in München fort, wo er unter den Einfluss von Max Liebermann kam. Florenz, Pisa, Venedig, Wien und Amsterdam waren Stationen seiner Ausbildung, ehe er 1924 nach Stuttgart zurückkehrte und begann, im Stil der Neuen Sachlichkeit, einer Gegenrichtung zum Expressionismus, in den 1920er Jahren als Grafiker und Maler zu arbeiten. Bereits 1928 war die Stuttgarter Staatsgalerie auf ihn aufmerksam geworden und hatte seine ersten Holzschnitte angekauft und in ihre Grafik-Sammlung aufgenommen. 1936 kam für ihn als Juden das Berufsverbot. Er wurde aus der Reichskammer der bildenden Künste ausgeschlossen, weil »*Sie als Jude nicht die erforderliche Eignung und Zuverlässigkeit besitzen, an der Förderung deutscher Kultur in Verantwortung gegenüber Volk und Reich mitzuwirken.«* (Aus dem Schreiben des Präsidenten der Reichskammer der bildenden Künste an Hermann Fechenbach vom 7. Januar 1936). Hermann Fechenbach konnte Deutschland verlassen, emigrierte zunächst nach Palästina, aber seit Mai 1939 lebte er zurückgezogen in England, wo er 1986 starb. Die Holzschnitte zur Genesis blieben sein Hauptwerk. Ein englischer Verlag hat sie 1969 in einer einmaligen Auflage als Buch herausgegeben.

A.J.

Pablo Picasso
Menschen

Verwirrend und enthüllend zugleich ist diese Zeichnung. Schaut sich da jemand in einem Spiegel an? Oder sind es mehrere Spiegel, so dass ihm sein Gesicht zugleich in mehreren Bildern zurückgespiegelt wird? Sind es vielleicht mehrere Personen? Zwei, drei oder gar vier? Ist das dem Betrachtenden zugewandte Gesicht sein eigenes Spiegelbild? Warum bleibt der kleine Abschnitt ganz links frei? Warum ist die Mittelachse nach rechts verschoben? Sind es nur formale Gründe, die diesen Aufbau erfordern? Etwa, weil durch die freie Fläche links, das Bild vor einem Wegkippen bewahrt wird?

Menschen hat Pablo Picasso seine Zeichnung genannt und er hat sie – in der Größe eines DIN A 4 Blatts – zu den »Metamorphosen« des lateinischen Dichters Publius Ovidius Naso (geboren 43 vor Christus) geschaffen. Allerdings hat dieses Blatt ausdrücklich keine Beziehung zu irgendeiner Szene der Dichtung. Es sind *»freie Erfindungen«* (Katalog zur Ausstellung »Pablo Picasso in der Staatsgalerie Stuttgart«, Stuttgart 1986).

Es gibt viele Bilder Picassos, die ein und dasselbe Gesicht gleichzeitig aus verschiedenen Perspektiven zeigen – so wie es beim Fotografieren passieren kann, wenn man ein und dasselbe Negativ mehrmals mit demselben Objekt in verschiedenen Stellungen belichtet. Es war in der Malerei der Renaissance ein großer und großartiger Fortschritt, die Bilder mit Perspektive und nicht nur in

Pablo Picasso
Grafiker und Bildhauer
1881 in Málaga (Spanien), †1973 in Mougins/Südfrankreich
Menschen
Radierung mit Remarque, 22 × 31 cm, 1931

der Fläche zu malen. Es war sozusagen die Erschließung der dritten Dimension in der Malerei. Mit diesen Bildern Picassos wird nun eine vierte Dimension hereingeholt, die der Zeit. Es ist Bewegung, Veränderung, Entwicklung, Verwandlung (griechisch *metamorphosis)*; und wo äußerte sich dies deutlicher als im Spiegel des menschlichen Inneren – in seinem Gesicht, speziell in seinen Augen! So zeigen diese Bilder auch die Vielschichtigkeit eines Menschen, können vielleicht zu dem helfen, was der Maler Franz Marc gemeint hat: Bilder seien *unser eigenes Auftauchen an einem anderen Ort.* Sie zeigen aber auch den Menschen, der sich manchmal fragt: Wer bin ich eigentlich? Dass Picasso dies mit einer solchen Zartheit des Striches tut, weist auf eine große Sensibilität und einen großen Respekt gegenüber der Persönlichkeit des Menschen.

Und hier angekommen, mögen die Betrachtenden sich fragen, ob nicht doch vielleicht verschiedene Menschen auf der Zeichnung dargestellt sind, denn keiner gewinnt seine Identität nur durch Betrachtung seiner selbst. Er braucht dazu die Begegnung mit anderen, ihre Zuneigung und Zurechtweisung, ihre Anerkennung und Korrektur. »*Der Mensch wird am Du zum Ich*« hat der Religionsphilosoph Martin Buber gesagt. Darauf weist der Titel der Zeichnung hin: *Menschen*.

Dietrich Bonhoeffer hat dies in einem Gedicht, das er 1944 in der Haft schrieb, so formuliert:

Wer bin ich? Sie sagen mir oft,
ich träte aus meiner Zelle
gelassen und heiter und fest,
wie ein Gutsherr aus seinem Schloss.

Wer bin ich? Sie sagen mir oft,
ich spräche mit meinen Bewachern
frei und freundlich und klar,
als hätte ich zu gebieten.

Wer bin ich? Sie sagen mir auch,
ich trüge die Tage des Unglücks
gleichmütig, lächelnd und stolz,
wie einer, der Siegen gewohnt ist.

Bin ich das wirklich, was andere von mir sagen?
Oder bin ich nur das, was ich selbst von mir weiß?
Unruhig, sehnsüchtig, krank, wie ein Vogel im Käfig,
ringend nach Lebensatem, als würgte mir einer die Kehle,
hungernd nach Farben, nach Blumen, nach Vogelstimmen,
dürstend nach guten Worten, nach menschlicher Nähe,
zitternd vor Zorn über Willkür und kleinlichste Kränkung,
umgetrieben vom Warten auf große Dinge,
ohnmächtig bangend um Freunde in endloser Ferne,
müde und leer zum Beten, zum Denken, zum Schaffen,
matt und bereit, von allem Abschied zu nehmen?

Wer bin ich? Der oder jener?
Bin ich denn heute dieser und morgen ein andrer?
Bin ich beides zugleich? Vor Menschen ein Heuchler
und vor mir selbst ein verächtlich wehleidiger Schwächling?
Oder gleicht, was in mir noch ist, dem geschlagenen Heer,
das in Unordnung weicht vor schon gewonnenem Sieg?

Wer bin ich? Einsames Fragen treibt mit mir Spott.
Wer ich auch bin, Du kennst mich, Dein bin ich, o Gott!

H.H.

Helmut Andreas Paul (HAP) Grieshaber
Der Bau

Dieser Holzschnitt ist 1933 entstanden und wurde 1935 in die siebenteilige Folge *»Die Marienkirche in Reutlingen II«* aufgenommen. Die Marienkirche ragt hoch über die Dächer der Altstadt Reutlingens, auf deren Hausberg, der Achalm, HAP Grieshaber die längste Zeit seines Lebens wohnte. Immer wieder hatte er diesen imposanten Sakralbau vor Augen, wenn er auf die Stadt hinunterschaute. Sein Leben lang hat ihn die künstlerische Auseinandersetzung mit dieser gotischen Kirche begleitet.

Die Marienkirche wurde nach fast hundertjähriger Bauzeit 1343 vollendet und gilt als *»bedeutendster Bau der hochgotischen Epoche in Schwaben«* (Georg Dehio). Die Errichtung dieser Kirche war die Einlösung eines Gelübdes, denn während der Belagerung durch das Heer Heinrich Raspes 1246 hatte die Reichsstadt gelobt, im Falle der Rettung der Jungfrau Maria eine Kirche zu bauen. Ein von den Belagerern zurückgelassener Sturmbock von 126,5 Schuh Länge gab das Längenmaß für das Kirchenschiff. Der Sturmbock wurde in der Marienkirche aufbewahrt, im 16. Jahrhundert in das Rathaus überführt, wo er 1726 beim großen Stadtbrand dem Feuer zum Opfer fiel. Im Jahre 1965 schnitt Grieshaber in Erinnerung an den mittelalterlichen Sturmbock dreizehn Motive aus der Reutlinger Stadtgeschichte in einen zwölf Meter langen Baumstamm, der heute als »Sturmbock« wieder im Rathaus hängt.

Helmut Andreas Paul (HAP) Grieshaber
Maler und Holzschneider
*1909 in Rot an der Rot, †1981 auf der Achalm/Reutlingen
Der Bau
Holzschnitt, 40,5 × 29 cm, 1933

Es geht bei dem Holzschnitt von 1933 äußerlich zunächst einmal um die Arbeit der Bauhütte an der Marienkirche. Die aufstrebenden Linien, die sich in der Mitte zu einem gotischen Spitzbogen schließen, zeigen, dass der Rohbau schon eine beträchtliche Höhe erreicht hat. Die Baustelle wird durch zwei Gestalten eingerahmt: Am linken Bildrand trägt ein Bauarbeiter, der uns frontal zugewandt ist, einen Behälter auf dem Kopf, den er mit der Hand stützt. Sein Gegenüber auf der rechten Seite ist ein Wächter, der mit einem Helm und einem großen Schild geschützt ist und in der linken Hand einen Speer trägt. Zwischen diesen beiden Gestalten erkennt man in der unteren Bildebene, vom Rand zu Halbfiguren beschnitten, zwei weitere Arbeiter. Der eine hält in der rechten Hand ein Winkelmaß, mit der linken deutet er in den oberen Bereich des Baus. Die vierte Person, deren Kopf in der Staffelung der Gestalten den untersten Platz im Bild einnimmt, scheint ein Steinmetz zu sein, der konzentriert auf den Stein schaut, den er mit einem Messer bearbeitet.

Handwerker haben sich versammelt, um ein Haus zur Ehre Gottes zu errichten. Damit ist zunächst gewiss das irdische Bauwerk gemeint, an dem Menschen in unterschiedlicher Funktion beschäftigt sind: Der Architekt, der für die Konstruktion Verantwortung trägt, der Maurer, der in schwerer körperlicher Arbeit die Wände errichtet, der Steinmetz, der für die künstlerische Ausstattung zuständig ist, und schließlich der Wächter, der die Baustelle gegen Diebstahl und Zerstörung sichert. Aber dieser Holzschnitt weist gleichzeitig über das gemauerte Gebäude hinaus auf den Bau der unsichtbaren Kirche, wie der Apostel Paulus schreibt:

Wir sind Gottes Mitarbeiter; ihr seid Gottes Ackerfeld und Gottes Bau. Ich nach Gottes Gnade, die mir gegeben ist, habe den Grund gelegt als ein weiser Baumeister; ein anderer baut darauf. Ein jeder aber sehe zu, wie er darauf baut. Einen anderen Grund kann niemand legen als den, der gelegt ist, welcher ist Jesus Christus. *1.Korinther 3,9-11*

In die aufstrebenden Linien der gotischen Kirche hat der Künstler die tätigen Menschen mit einbezogen. Man kann kaum unterscheiden, welche Linien zum Gebäude und welche zu den Personen gehören. Die Kirche, das ist die Gemeinschaft der Glaubenden, die im Auftrag ihres »Baumeisters« tätig sind.

So ist dieser Holzschnitt nicht nur ein Abbild einer geschichtlichen Bausituation, sondern eine Ermutigung, dass Menschen sich im Vertrauen auf Gott mit ihren unterschiedlichen Begabungen und ihren erworbenen Fähigkeiten, ihren Erfahrungen und ihrem Wissen einbringen, um die Kirche zur Ehre Gottes und zum Wohl der Menschen zu bauen.

Herr Jesus, Grundstein der Gemeinde,
wir wollen bauen nur auf dich.
Was wir auf dich, den Fels, gebauet,
das bleibt gebauet ewiglich.
Wohl mögen Stürme drübergehn,
es wird dies alles überstehn. *Karl Eisele 1939*

S.G.

Helmut Andreas Paul (HAP) Grieshaber
Brotsegnender Christus

Mit dem Jahr 1933, in dem dieses Blatt entstand, begann für HAP Grieshaber eine extrem schwierige Zeit. Er befand sich nach einer zweijährigen Reise durch verschiedene Länder in Athen, wo er künstlerisch tätig war und mit Freunden eine kulturpolitische Zeitung in deutscher Sprache vorbereitete. Es gab Spannungen mit der deutschen Botschaft, die seine Aufenthaltsgenehmigung für Griechenland nicht verlängerte, so dass er nach Deutschland zurückkehren musste. Da Grieshaber als Künstler von der Reichskulturkammer mit Arbeitsverbot belegt wurde, hielt er sich in Reutlingen mit Hilfsarbeiten kümmerlich am Leben. Später sprach er von diesen Jahren als von einer »Klausur«: *»Diese auferlegte Klausur, die Abgeschlossenheit, die Abgetrenntheit war als Zwang zur Konzentration eine wesentliche Hilfe.«*

Unter dem Wahlspruch *malgré tout* (trotz allem) arbeitete Grieshaber heimlich weiter und druckte in kleiner Stückzahl, da alle Veröffentlichungen in größerer Stückzahl der Reichskulturkammer gemeldet werden mussten. Der Holzschneider beschäftigte sich in diesen Jahren besonders mit der Gotik (*»Ich tröstete mich mit dem gotischen Glück.«)* und widmete sich der gotischen Marienkirche in Reutlingen. 1933 stellte er eine Folge von sieben Holzschnitten fertig mit dem Titel *»Die Marienkirche in Reutlingen I«* und 1935 eine weitere Mappe mit sieben Blättern *»Die Marienkirche in*

Helmut Andreas Paul (HAP) Grieshaber
Maler und Holzschneider
*1909 in Rot an der Rot, †1981 auf der Achalm/Reutlingen
Brotsegnender Christus
Holzschnitt, 12,4 × 10,2 cm, 1933

Reutlingen II«. In der ersten Folge findet sich ein Holzschnitt *Christus, das Brot segnend*. Dieses Motiv ist die Übertragung eines Steinreliefs aus der Marienkirche in einen Holzschnitt. Grieshaber hielt sich in seinem Nachschnitt eng an die Vorlage und übernahm alle Einzelheiten.

Ende des 13. Jahrhunderts wurde an die südliche Chorwand der Marienkirche eine Sakristei angebaut, die sogenannte Katharinenkapelle. Sie enthält neben gut erhaltenen Fresken zur Katharinenlegende in der Ostwand ein Wandtabernakel. Dieses mit einer Gittertür verschlossene Sakramentshäuschen wird bekrönt durch ein gotisches Giebelfeld, in welches das Relief des brotsegnenden Christus eingefügt ist.

Christus, in Halbfigur dargestellt, ist uns frontal zugewandt. Das lang auf die Schultern herabfallende Haupthaar umrahmt sein Gesicht mit blicklosen Augen. Er ist mit einem langärmeligen, hoch geschlossenen Gewand bekleidet. Die rechte Hand ist in einer Segensgeste erhoben, die linke hält ein rundes, mit einer Kerbe versehenes Brot. Diese Kerbe erinnert an den alten Brauch, in ein Brot vor dem Anschneiden das Kreuzzeichen zu ritzen.

Es ist das tägliche Brot, um das wir im Vaterunser beten, das in diesem Holzschnitt unter den Segen Christi gestellt wird. Martin Luther antwortet auf die Frage *»Was heißt denn tägliches Brot?«* in seinem Kleinen Katechismus: *»Alles, was not tut für Leib und Leben, wie Essen und Trinken, Kleider, Schuh, Haus, Hof, Acker, Vieh, Geld, Gut, fromme Eheleute, fromme Kinder,* *fromme Gehilfen, fromme und treue Oberherren, gute Regierung, gut Wetter, Friede, Gesundheit, Zucht, Ehre, gute Freunde, getreue Nachbarn und desgleichen.«*

Aber es ist auch das Brot, von dem Jesus sagt:

Ich bin das Brot des Lebens. Wer zu mir kommt, den wird nicht hungern; und wer an mich glaubt, den wird nimmermehr dürsten. *Johannes 6,35*

Durch das »Brot des Lebens« haben wir Tisch- und Lebensgemeinschaft mit Jesus Christus. In jeder Abendmahlsfeier vergewissern wir uns durch das Zeichen des Brotes der Vergebung und Erlösung durch ihn. Das runde Brot, das Jesus auf diesem Holzschnitt in der linken Hand hält, erinnert uns auch an die runde Hostie, die seit dem Mittelalter bis heute in der Liturgie des katholischen Gottesdienstes der Gemeinde emporgehoben gezeigt und anschließend im Tabernakel aufbewahrt wird. Wir sehen das Bild des Christus, von dem unser Leben sich nährt und der unserem Leben Sinn und Erfüllung schenkt.

S.G.

Paul Klee
Engel voller Hoffnung

Paul Klee gehörte zu den Künstlern, die ihr eigenes Schaffen immer wieder stark reflektierten. Sein Satz *»Kunst gibt nicht das Sichtbare wieder, sondern macht sichtbar«* ist für viele zu einem Schlüssel geworden, der ihnen den Zugang zur zeitgenössischen Kunst ermöglicht und eröffnet hat.

Klee hat in seiner Kunst das Elementare gesucht. Deswegen sieht man bei ihm so häufig geometrische Formen wie Dreiecke, Kreise, Rechtecke usw. Eine ganz besondere Bedeutung kommt der Linie und ihrer Führung zu. Manche seiner Zeichnungen wirken geradezu kindlich oder naiv oder primitiv. Doch ist dies ein Missverständnis. Klee geht es um das Elementare; und wie ernst es ihm damit ist, machen gerade der Humor und eine gewisse Skurrilität in vielen seiner Bilder deutlich.

In seinem letzten Lebensjahrzehnt hat Paul Klee sich künstlerisch mit den Engeln befasst. Viele dieser Bilder sind befremdlich, denn die Engel, die er zeichnet, sind nicht im christlichen Sinne zu verstehen, es sind keine himmlischen Wesen, sondern bestenfalls Mischwesen. In Klees Zeichnungen gibt es neugierige Engel, einen Engel-Anwärter, Engel im Werden. Es ist wohl die Auseinandersetzung des Schwerkranken mit Grundfragen des Lebens angesichts seiner unheilbaren Krankheit (Sklerodermie), der er im Jahre 1940 erliegt.

Paul Klee
Maler und Grafiker
*1879 in Münchenbuchsee (Schweiz), †1940 in Muralto (Schweiz)
Engel voller Hoffnung
Bleistift auf Papier mit Leimtupfen,
auf Karton aufgezogen, 29,5 × 21 cm, 1939

Vielleicht darf man diese Engelwesen auch im Sinne der Tiefenpsychologie von Carl Gustav Jung als innere (bessere) Möglichkeiten eines jeden Menschen interpretieren.

Von den Engelzeichnungen ist der *Engel voller Hoffnung* aus dem Jahre 1939 für mich die schönste. Was sehen wir? Einen Kopf, der ganz zur Seite geneigt ist, rechts und links gehalten von je einem Flügel oder einem Arm. Darunter nur noch zwei kurze Striche, die die Beine andeuten. In dem Kopf zwei große offene Augen, das eine nach unten gerichtet, das andere erwartungsvoll nach rechts oben. Im Jahre 1914 schrieb Klee ein Gedicht, in dem es heißt:

Ein Auge, welches sieht
- sonderbarer Blick -
das andere welches fühlt.

Die Nase ist durch einen langen Strich mit Querstrich angedeutet, die Nasenlöcher sind offen, als ob sie, wie die Augen, viel in sich aufnehmen wollten. Der Mund ist nur ein schmaler Strich, nach links unten verzogen.

Das ganze Bild wirkt auf mich wie eine Blüte, bevor sie sich noch entfaltet. Wir können hoffen. Die Sinne sind dafür schon geweckt. Das eine Auge ist zwar noch nach unten auf die bestehende gegenwärtige Wirklichkeit (1939!) gerichtet, aber das andere wendet sich nach oben, in die Zukunft und auch die Nase wittert bereits.

Es ist ein Engel »voller Hoffnung«. Schwer liegt die noch nicht voll entfaltete Blüte zwischen den Arm-Flügeln.

Schwer von Hoffnung. Es ist eine Hoffnung, die wir von Kindheit an in uns tragen. Das verlorene Paradies in uns. Paul Klee, den die schöpferische Lebenskraft von Kindern besonders faszinierte, schrieb einmal: *Der Mensch ist nicht fertig. Man muss in Entwicklung bleiben, offen sein, auch im Leben gehobenes Kind, Kind der Schöpfung, des Schöpfers.* Welcher bildnerische Ausdruck wäre dafür geeigneter als der eines Engels voller Hoffnung, der wie ein Kind aussieht, Blüte, die sich noch entfalten will!? Ein französischer Dichter geht noch einen Schritt weiter:

Aber die Hoffnung, sagt Gott, das verwundert mich wirklich.
Mich selber.
Das ist wirklich erstaunlich.
Dass diese armen Kinder sehen, wie das alles geschieht, und dass sie glauben, morgen ginge es besser.
Dass sie sehen, wie das alles heute geschieht, und dass sie glauben, morgen früh ginge es besser.
Das ist verwunderlich und das ist entschieden das größte Wunder unserer Gnade.
Seit jenem ersten Mal, da meine Gnade zu strömen begann für die Schöpfung der Welt.
Seit unvordenklich, da meine Gnade strömte für die Erhaltung der Welt.
Seit damals, da das Blut meines Sohnes zu strömen begann für das Heil dieser Welt. Ein Flämmchen, unversehrbar, unauslöschlich dem Hauch des Todes.
Was mich wundert, sagt Gott, das ist die Hoffnung.
Da komme ich nicht mit.
Diese kleine Hoffnung, die nach gar nichts aussieht.
Dies kleine Mägdlein Hoffnung.
Unsterblich.

Charles Peguy

H.H.

Gerhard Marcks
Noah

Noah wartete noch weitere sieben Tage und ließ wieder die Taube aus der Arche. Gegen Abend kam die Taube zu ihm zurück, und siehe da: In ihrem Schnabel hatte sie einen frischen Olivenzweig. Jetzt wusste Noah, dass nur noch wenig Wasser auf der Erde stand.

1.Mose 8,10.11 Einheitsübersetzung

Zeitbezüge lassen sich im Werk des Grafikers und Bildhauers Gerhard Marcks immer wieder nachweisen. Eindrucksvoll hat der Künstler seine Stimme gegen die Gräuel des Krieges erhoben. Die Blätter der Jahre 1944 und 1945 sind Reaktionen auf die schweren persönlichen Verluste, die er und seine Familie erlitten, sie sind aber gleichermaßen Formen des allgemeinen ästhetischen Widerstands gegen die Sinnlosigkeit des Völkermordens. Dabei kleidete Marcks diese »Stellungnahmen« vornehmlich in gleichnishafte, oft drastische Darstellungen mythologischer und biblischer Szenen. Bildtitel wie *Brudermord*, *Kindermord*, *Erschießung* oder *Todesvögel* und *Der Fluch* sind Ausdruck von Widerstand und Anklage. Auch nach dem Krieg nimmt die Auseinandersetzung mit den Problemen der Epoche noch einen breiten Raum ein, wofür das Bild *Flüchtende Mutter* (S.87), ein Beispiel ist oder der Holzschnitt *Frauen unter Ruinen* aus dem Jahre 1947. Nach der Zerstörung seines Ateliers in Berlin hatte sich der Künstler verstärkt und für längere Zeit wieder dem Holzschnitt zugewandt, den er seit der Schaffensperiode

Gerhard Marcks
Bildhauer und Grafiker
*1889 in Berlin, †1981 in Burgbrohl/Eifel
Noah
Holzschnitt, 20 × 20,2 cm, 1948

im Bauhaus in den 1920er Jahren zu Gunsten anderer Techniken und vor allem der Bildhauerei vernachlässigt hatte.

Aber nun sind es vor allem Bilder der Hoffnung, die Marcks in der Zeit nach dem Zweiten Weltkrieg schafft. Das Blatt *Noah* gehört zu den meistgedruckten Holzschnitten der Nachkriegszeit. Die Raumwirkung des Blattes ist meisterhaft, der Schnitt ist formstreng, die Nuancierung von Hell und Dunkel Botschaft. Alternierende Muster schaffen zusätzliche Flächen und nützen alle Möglichkeiten der Holzbearbeitung aus.

Noah tritt an das Fenster des Kastens, der für bange Wochen sein Zuhause war. Er stößt am Abend den Fensterladen auf und erblickt die Taube, die sich ihm gleich auf die Hand setzen wird. Der Ölzweig in ihrem Schnabel ist die Wende. Er ist die erhoffte Bestätigung, dass neues Leben auf der Erde möglich ist, auch wenn vom Fenster der Arche in den Wochen und Monaten zuvor nach allen Seiten nur wirbelndes Wasser zu sehen war, das toste und gurgelte. Das ist jetzt vorbei. Die Taube wird zu einem immerwährenden Zeichen des Friedens zwischen Gott und Mensch. Das Wasser stellt jetzt keine Bedrohung mehr dar. Es ist wirklich nur ein kleiner Ölzweig, an den sich Noahs Hoffnung klammert. Aber für ihn ist es nach der langen Zeit im eingeschlossenen Kasten ohne festen Grund unter den Füßen Hoffnung genug.

In der stillen Zwiesprache zwischen Noah und der Taube können wir in sein Herz blicken, das voll Freude, Dankbarkeit und voller Hoffnung ist.

Noah ist ruhig. Er wirkt gefasst, aber nicht lässig. Keine hastige Bewegung stört die wohltuende Ruhe des Bildes, selbst die Wasserwogen scheinen gebändigt.

Die Ordnung der Natur kehrt wieder ein. Seinen hageren, schmalen Kopf hat Noah nach oben, dem Licht entgegen, erhoben. Strahlend weiß hebt sich die Taube vom tristen, dunklen, schraffierten Hintergrund ab. Es ist, als stünde sie. Die Zeit des Übergangs, des Ungewissen, der Bedrohung ist vorbei. Die Zukunft wird hell sein. *»Der Glaubende lässt sich ein auf das Abenteuer Gottes«* (Walter Kasper).

Selten ist es so wichtig, sich zu vergegenwärtigen, wann ein Kunstwerk entstanden ist wie hier. Es war März 1948, als Marcks diesen Holzschnitt schuf. Deutschland lag darnieder, vom späteren Wirtschaftswunder war noch nichts zu sehen. Die Währungsreform, mit der der Aufstieg begann, fand erst einige Monate später statt. Marcks schaute durch das Dunkel seiner Zeit und lebte von der Hoffnung, dass das gegenwärtige Leben nicht alles ist. Er schuf mit diesem Bild ein sorgfältig komponiertes Gefüge der Ruhe und Ordnung als Zeichen dafür, dass Noah zu keiner Zeit aus dem Plan Gottes herausgefallen ist. Er ist aufgehoben in der heilschaffenden Ordnung Gottes. Im Neuen Testament wird die Taube zum Zeichen für die Gegenwart Gottes

im Heiligen Geist. Noah konnte bereits darauf vertrauen dass das Versprechen Gottes gilt und dass für ihn und die Geschöpfe in der Arche deshalb auch das neue Leben nach der Sintflut unter Gottes Verheißung steht:

Meinen Bogen habe ich in die Wolken gesetzt; der soll das Zeichen sein des Bundes zwischen mir und der Erde.

1. Mose 9,13

Das Bild, das Marcks in dunkler Zeit schuf, ist aber damit nicht ein bloßes Zeitdokument, genau so wenig wie die Geschichte Noahs nur eine Erzählung und ausmalbare Episode aus dessen Leben ist. Sie wird in Wort und Bild erzählt, solange die Erde besteht. Wir leben alle von der Hoffnung und sind dankbar für Menschen, die uns Hoffnung vermitteln, sei es im Wort, oft im Lied und eben auch im Bild.

A.J.

Gerhard Marcks
Bildhauer und Grafiker
*1889 in Berlin, †1981 in Burgbrohl/Eifel
Flüchtende Mutter
Holzschnitt, 30,3 × 24,8 cm, 1950

Gerhard Marcks
Flüchtende Mutter

Gerhard Marcks gilt vor allem als bedeutender Bildhauer. In seinen Skulpturen vereinfacht er Tier- und Menschengestalten zu klaren herben Formen. Erst in der zweiten Hälfte des 20. Jahrhunderts wurde die große Zahl seiner Holzschnitte einer breiten Öffentlichkeit bekannt, obwohl diese teilweise schon Jahrzehnte früher entstanden waren.

Die erste wichtige Periode im Werk des Holzschneiders fiel in die Zeit seiner Lehrtätigkeit am Bauhaus von 1919-1925. Er erarbeitete sich den Holzschnitt als Ausdrucksmittel, in dem der Gegensatz von Hell und Dunkel, die Klarheit der Linie, die Differenzierung von Schraffuren und ein geometrisches Gefüge die Wirkung bestimmen.

Der Holzschnitt hat seinen Ursprung in den volkstümlichen Einblatt-Drucken des 15. Jahrhunderts, die das erste Massenkommunikationsmittel mit weitreichender Wirkung waren. In diese Tradition des Flugblatts reiht sich der vorliegende Holzschnitt von Gerhard Marcks ein, der darin die Erfahrungen des Zweiten Weltkrieges verarbeitete. Die *Flüchtende Mutter* ist ein leidenschaftlicher Hinweis auf die unerträglichen Kriegsfolgen für die Zivilbevölkerung. Vor einem undurchdringlichen schwarzen Hintergrund - nur die Lauffläche ist parallel schraffiert - durchquert eine Frau in schnellem Lauf das Bild von links nach rechts. Der flatternde Umhang weist auf die heftige Bewegung und ist zugleich Ausdruck für die innere Unruhe der Frau. Mit

beiden Händen drückt sie ihr kleines Kind an sich; es ist in ein Tuch eingewickelt, aus dem nur das Gesicht und die nackten Füßchen herausschauen. Mit angstvoll verzerrtem Gesicht sieht die Mutter zurück, ob die Verfolger nahen, derweil das Kind in ruhigem Vertrauen schläft. Der Künstler stellt uns eine Frau vor Augen, die Haarsträubendes erlebt und dabei entschlossen handelt; ja, sie *zeigt Zähne*, sie bietet dem Schicksal die in Sorgen zerfurchte Stirn.

Diesen eindrucksvollen Holzschnitt empfinde ich als Huldigung an all die starken Frauen, die in vergangenen und gegenwärtigen Kriegs- und Nachkriegswirren, in den vielfältigen Fluchtsituationen über sich selbst hinausgewachsen sind. Sie ermöglichen unter Einsatz all ihrer körperlichen und seelischen Kräfte, ihrer Klugheit und ihrer praktischen Fähigkeiten das Überleben vieler Menschen und vermitteln durch ihre mütterliche Wärme eigenen und fremden Kindern Geborgenheit und Lebensmut.

Gerhard Marcks wählte die Technik des Weißlinienschnitts, in dem die Linien aus dem Holz herausgeschnitten werden, so dass sie nicht drucken sondern weiß stehen bleiben. Der Kontrast zwischen schwarzer Fläche und weißer Linie, die Spannung zwischen ruhigem Hintergrund und bewegter Figur, die Betonung von Gesicht und Händen durch weiße Flächen sind die künstlerischen Mittel, welche das Bild bestimmen.

Auf diesem Holzschnitt sehen wir keine Grausamkeiten des Krieges, keine Zerstörungen durch Naturkatastrophen; wir werden nicht Zeugen von Gewalt und Verwüstung - aber all diese schrecklichen Bedrohungen spiegeln sich in den angstvoll geweiteten Augen der Frau. Das Bild der flüchtenden Mutter mit Kind wird zum Symbol für die Schrecken von Krieg und Terror, von Zerstörung und Vergewaltigung, welche Menschen zur Flucht treiben, um ihr eigenes und das Leben ihrer Lieben zu retten.

Die menschlichen Schicksale in den Nachkriegswirren haben den Künstler tief bewegt und er setzte sie in Beziehung zum Glauben an den Herrn der Geschichte, wenn er schrieb: *»Warum habe ich mich das ganze Leben damit beschäftigt, Kunst zu machen? Darauf kann ich nur antworten: Ad maiorem Dei gloriam«* (d.h. zum höheren Ruhm Gottes).

S.G.

Gerhard Marcks
Bildhauer und Grafiker
*1889 in Berlin, †1981 in Burgbrohl/Eifel
Die Hirten
Holzschnitt, 31,8 × 21,6 cm, 1954/55

Gerhard Marcks
Die Hirten

Der Holzschnitt entstand in der Weihnachtszeit des Jahres 1954. Durch eine Bleistiftvorzeichnung, die erhalten ist, wissen wir, dass Marcks ursprünglich eine größere Gruppe, vielleicht einen Fries, plante. Aber schließlich blieb es bei diesem Holzschnitt, der das Bild der Hirten auf zwei Figuren reduziert. Der Künstler gestaltet das Blatt in der Technik des Weißlinienschnitts, was den stimmungsvollen Nachteffekt der Szene erzeugt und den Stern hell und gleichmäßig die ganze Fläche ausleuchten lässt.

Lasst uns nun gehen nach Betlehem und die Geschichte sehen, die da geschehen ist, die uns der Herr kundgetan hat.
Lukas 2,15

Zwei Männer sind auf der Suche nach dem Jesuskind. Nur ein heller Stern gibt Richtung, Weg und Ziel. Der rechte Hirte streckt sich nach dem Stern aus, er orientiert sich an ihm und er scheint unbeirrt und ohne nach rechts und links zu schauen, vorwärts zu schreiten, um das Ziel nicht aus den Augen zu verlieren und möglichst rasch anzukommen. Die Längsfalten seines Gewandes und die Schraffuren der Hintergrundfläche neben ihm haben dieselbe Richtung schräg aufwärts zum Licht. Und sein Wanderstab? Er läuft der Bewegung entgegen. Gibt es ein unbewusstes Zögern oder äußere Hindernisse? Der linke Hirte scheint sich jedenfalls der Bewegung seines Kameraden zu widersetzen. Er schaut zurück. Will er etwa nicht mitgehen? Dabei bleibt er nicht stehen, seine Füße bleiben in der Spur, da gibt es keinen Zweifel. Er gibt aber nach hinten ein Zeichen, so als wollte er sagen: »Leute, seht den Stern und schließt euch uns an!«

Der Künstler stellt den Augenblick dar, in dem die Hirten nicht mehr haben als das Zeichen des Sterns. Der Nachthimmel hat die himmlische Vision verschluckt, die Worte der Engel sind verklungen, aber das Vertrauen in die Glaubwürdigkeit der Botschaft ist geweckt und der Ton der Engel klingt in ihren Herzen nach. Der linke Hirte eilt nicht sofort los. Seine Füße sind schon auf dem Weg, aber sein Körper wendet sich denen zu, die nicht so schnell zu begeistern sind. Er weist die Zögernden und Zweifelnden auf das Zeichen hin und ermutigt sie, sich denen anzuschließen, die sich auf den Weg des Glaubens machen, um das verheißene Wunder Gottes zu schauen.

Beide Hirten zeigen mit dem Finger auf den Stern, beide deuten nach vorn. Das Mit-dem-Finger-auf-den-Stern-Zeigen dient erst der eigenen Orientierung, ist aber auch das Zeichen, das sie einander und anderen geben.

»Seine ganze Liebe gehört der kleinen Form, um die kümmert er sich mit Bedacht, verknappt sie zu epigrammatischer Kürze, zu sublimen Bildfiguren von handlicher Simplizität« (Elmar Jansen 1989). Dieses Zeugnis über Marcks' Stil und Arbeitsmethode lässt sich mit diesem stimmungsvollen kleinen Holzschnitt zur Weihnachtsgeschichte gut belegen. Mit ihm ist Marcks

ein Meisterwerk gelungen. In den beiden Gestalten der Hirten versinnbildlicht er, was Evangelisation ist: aneignen und weitergeben des Evangeliums. Nur wer in der Spur bleibt, und nur wer sich selbst an Weg und Ziel ausrichtet, ist fähig, anderen glaubhaft ein Zeichen zu geben. Es gehört zur Nachfolge Christi, die Gute Nachricht von der Freude über Jesu Geburt nicht allein für sich zu behalten, sondern andere mitzunehmen, damit auch sie kommen, sehen und glauben.

Stern über Betlehem, zeig uns den Weg,
führ uns zur Krippe, zeig, wo sie steht,
leuchte du uns voran, bis wir dort sind.
Stern über Betlehem, führ uns zum Kind.

Stern über Betlehem, nun bleibst du stehn
und lässt uns alle das Wunder hier sehn,
das da geschehen, was niemand gedacht,
Stern über Betlehem, in dieser Nacht.

Stern über Betlehem, wir sind am Ziel,
denn dieser arme Stall birgt doch so viel.
Du hast uns hergeführt, wir danken dir.
Stern über Betlehem, wir bleiben hier.

Stern über Betlehem, kehrn wir zurück,
steht noch dein heller Schein in unserem Blick,
und was uns froh gemacht, teilen wir aus.
Stern über Betlehem, schein auch zu Haus!

Alfred Hans Zoller 1963

A.J.

Jakob Steinhardt
Grafiker und Maler
*1887 in Zerkow (Provinz Posen), †1968 in Nahariya (Israel)
Hagar
Holzschnitt, aquarelliert, 24 × 33,6 cm, 1951

Jakob Steinhardt
Hagar

Jakob Steinhardt wurde einerseits geprägt durch Leben und Glauben des mittelosteuropäischen Judentums in Polen und Litauen. Andererseits beeindruckte ihn das kulturelle Leben Berlins, wohin er als Neunjähriger aufs Gymnasium geschickt wurde und wo er sich später als Künstler einen Namen machte. Diese zwei grundlegenden Erfahrungen führten dazu, dass Themen der Bibel und des religiösen Alltags der Juden zeitlebens zu seinen Bildmotiven gehörten, die er in einer zumeist expressionistischen Bildersprache wiedergab. 1933 floh er mit seiner Familie nach Palästina, wo er bis zu seinem Tode lebte. Er verarbeitete nach dem Zweiten Weltkrieg das Schicksal des jüdischen Volkes in seinem Werk und leistete bedeutende Beiträge zur Entwicklung der modernen jüdischen und israelischen Kunst.

Steinhardt versuchte im palästinensisch-israelischen Konflikt der Jahre nach dem Zweiten Weltkrieg eine unparteiische Haltung einzunehmen und auch der arabischen Seite gerecht zu werden. Der Holzschnitt mit dem Titel *Hagar* gehört zu einer Reihe von Arbeiten, welche der Künstler zum Verhältnis Araber-Israelis gestaltete. Die Motive *Jakob und Esau, Isaak und Ismael, Ruth und Naomi* tauchen in immer wieder neuen Variationen in dieser Zeit auf.

Im vorliegenden Holzschnitt sehen wir in der linken Bildhälfte eine Frau mit einem halbwüchsigen Knaben, dessen Kopf auf ihrer rechten Schulter ruht. Er scheint zu schlafen, umfangen vom Arm der Mutter. Die Gruppe von Mutter und Kind ist ganz nah an die Betrachtenden herangerückt und wird auf Hüfthöhe der Frau vom Bildrand beschnitten. Es ist kein glückliches Mutter-Kind-Idyll. Der noch im Schlaf gequälte Gesichtsausdruck des Knaben und der verzweifelte Aufblick der Mutter zum Himmel lassen auf eine notvolle Situation schließen.

Wo ist diese Frau? Hinter ihr erstreckt sich eine weite Fläche, deren sparsam gesetzte Linien die Leere und Ödnis des Hintergrundes noch betonen. Im Vordergrund der rechten Bildhälfte erkennt man unregelmäßig gewellte Linien und kleinteilig gekrümmte Formen. Sind es Felsformationen? Wird damit hoffnungsvoll hervorsprudelndes Wasser angedeutet? Oder sind diese unruhig-verkrampften Gebilde im Gegenteil Vorzeichen eines krakenartig heranschleichenden Unheils oder Ausdruck einer seelischen Verfassung?

Der Titel *Hagar* weist auf die alttestamentliche Geschichte der ägyptischen Sklavin Saras, die Abraham den Ismael gebar (1. Mose 16,1-16 und 21,8-21). Hagar steht in der Sippe Abrahams nicht nur als Sklavin am unteren Ende der gesellschaftlichen Hierarchie sondern auch als Ausländerin. Trotzdem wird sie ausersehen, der Kinderlosigkeit ihrer Herrin als Leihmutter wenigstens rechtlich abzuhelfen. So wird Ismael als Sohn Abrahams geboren. Als Sara, die Herrin, vierzehn Jahre später doch noch selbst Mutter wird und den ersehnten Sohn Isaak zur Welt bringt, wird die Sklavin Hagar - mit Proviant versehen - als nicht mehr benötigt fortgeschickt.

Da zog sie hin und irrte in der Wüste umher bei Beerscheba.
1.Mose 21,14b

Während der Schwangerschaft war Hagar schon einmal in der Wüste gewesen. Damals war sie vor ihrer Herrin geflohen und hatte an einer Quelle gerastet. An diesem Ort war ihr der Gott Abrahams und Saras begegnet. Sie hatte erfahren, dass dieser Gott auch sie, die ägyptische Sklavin, beim Namen nennt und eine Verheißung für sie hat:

Ich will deine Nachkommen so mehren, dass sie der großen Menge wegen nicht gezählt werden können.
1.Mose 16,10

Hagar wurde als eigenständiger Mensch mit verheißungsvoller Zukunft wahrgenommen. Sie hatte erlebt:

Du bist ein Gott, der mich sieht, 1.Mose 16,13

war zu ihrer Herrin zurückgekehrt und hatte Ismael geboren.

Jakob Steinhardt wählte aus dieser Familiengeschichte den Moment der tiefsten Verzweiflung Hagars. Zum zweiten Mal ist sie in der Wüste, dieses Mal ist sie verstoßen worden. Der Wasservorrat ist verbraucht, Ismael droht zu verdursten, wie leblos liegt er in ihrem Arm. Hagar ist hilflos in der Wüste, ohne den Schutz einer Familie, allein verantwortlich für das Leben ihres Sohnes. Wo ist Rettung in solch auswegloser Lage? Die Ägypterin erinnert sich an den Gott Abrahams und Saras, der ihr schon einmal begegnet war. Sie wendet ihr Gesicht nach oben und schreit ihre Verzweiflung zum Himmel. Sie sucht die Zwiesprache mit Gott über die Ungerechtigkeit der Vertreibung und ihre aussichtslose Zukunft. Und auch dieses Mal wendet sich der *»Gott, der mich sieht«* der Verstoßenen, der alleinstehenden Mutter in ihrer leidvollen Situation zu. Nicht nur, dass Gott den Verdurstenden einen Brunnen zeigt und damit ihr Leben rettet, es wird noch erzählt:

Gott war mit dem Knaben. *1.Mose 21,20*

Mit dieser bewegenden Erfahrung Hagars wird schon im Alten Testament das Bild eines Gottes sichtbar, der über die Grenzen Israels hinaus Menschen, die ihn anrufen, in sein Erbarmen und seinen Schutz einhüllt.

S.G.

Jakob Steinhardt
Psalm

Die Wolkendecke bricht auf. Sonne, Mond und Sterne werden sichtbar, das helle Licht der Sonne strahlt wieder und wärmt den staunenden Menschen. Er bestaunt ein ganz großartiges Naturschauspiel, das in machtvoller, drängender Schwarz-Weiß-Kontrastierung die Elemente spielen lässt, von denen die Menschen abhängig sind.

Wenn ich sehe die Himmel, deiner Finger Werk, den Mond und die Sterne, die du bereitet hast: was ist der Mensch, dass du seiner gedenkst, und des Menschen Kind, dass du dich seiner annimmst? *Psalm 8,4.5*

Einer der Schöpfungspsalmen, die Gott, den Schöpfer rühmen und den Menschen existenziell fragen lassen, wird für den Künstler Anlass zu diesem Bild geworden sein. Himmlisches Licht durchdringt die Dunkelheit der Welt und der lächelnde Seher darf einen Blick in die himmlischen Sphären werfen.

Kein Mensch kann lange in der Dunkelheit leben. Wir sehnen uns nach Licht, nach Sonne, nach Helligkeit. Wir brauchen das Licht für Körper und Seele. Am Übergang von Dunkelheit zu Licht entsteht für den Aufmerkenden Staunen und Dankbarkeit. Der wache Mensch erkennt, dass er in der Abhängigkeit von Gott lebt und es nimmt ihn, recht besehen, wahrlich wunder, warum Gott »an ihn denkt und sich seiner annimmt«.

Jakob Steinhardt
Grafiker und Maler
*1887 in Zerkow (Provinz Posen), †1968 in Nahariya (Israel)
Psalm
Holzschnitt, 41 × 30,3 cm, 1953

Jakob Steinhardt, der 1887 in dem »Städel« Zerkow in der Provinz Posen geboren wurde, die damals zum Deutschen Reich gehörte, war 1933 in Europa bereits ein bekannter Künstler. Er war Schüler von Lovis Corinth und Hermann Struck in Berlin. In Paris hat er Henri Matisse und Henri Rousseau kennengelernt. Den tiefsten Eindruck machte Renoir auf ihn. Mit dem totalitären Dritten Reich kam 1933 auch die Judenverfolgung über Deutschland und Europa. Jakob Steinhardt, der zu der Zeit in Berlin lebte, musste sich vorsehen. Sein hoher Bekanntheitsgrad schützte ihn keineswegs, andererseits aber kannte ihn jener Nationalsozialist bei der Gestapo in Berlin, der die Akte Steinhardt an sich nahm und ihm bedeutete, er solle schleunigst fliehen. Länger als vier Wochen könne das Verfahren gegen ihn nicht verschleppt werden. Steinhardt war denunziert worden. Augenblicklich verließ er Deutschland. Die Wahl seines neuen Wohnsitzes war für ihn keine Frage. Es konnte nur Jerusalem sein. In Europa ist er heute leider weitgehend vergessen. Nur ab und zu taucht sein Name in der Kunstgeschichte noch auf.

Zeitlebens hat sich Steinhardt mit dem Alten Testament auseinandergesetzt, viele Prophetengestalten in Holz geschnitten oder gemalt, so dass er selbst für seine Welt zum Propheten wurde. Er suchte das zu gestalten, was ihn im Glauben hielt, worauf es ihm persönlich ankam und was er durch seine Bilder als Botschaft an die Menschen seiner Zeit, seiner Generation, seines Landes weitergeben konnte. Jakob Steinhardt hat die biblische Szenerie weithin weggelassen und sich auf einzelne Gestalten - das waren in erster Linie die Propheten - beschränkt.

Nach Jahren des Schaffens in der schwersten Zeit seines Lebens, in der dann auch das unergründlich Schwarze in seinen Bildern überwiegt, ist in den letzten Jahren seines Lebens, etwa seit 1950, in seinen Werken eine wesentliche erkenn- und sichtbare Veränderung eingetreten. Himmlisches Licht durchdringt wieder die Dunkelheit seiner Bilder. Der Dialog zwischen Mensch und Gott ist wieder hergestellt. Davon gibt gerade dieser Holzschnitt, dessen komprimierter Bildaufbau von Natur und Mensch wohltuend zu uns spricht, ein wunderschönes Zeugnis. Das Gesicht des Sehers ist geglättet und reflektiert das Licht von oben, die Augen sind hellwach und weit offen dem Licht zugewandt. Das Bild lässt etwas spüren von dem eigenen Erleben des Künstlers, es hat fast autobiographische Züge. Jedenfalls können wir das wissende Lächeln eines weisen Propheten erkennen, der in dem Leuchten des himmlischen Lichts mehr sieht und der unendlich dankbar die Größe Gottes gläubig und demütig anerkennt:

Herr, unser Herrscher, wie herrlich ist dein Name in allen Landen! *Psalm 8,10*

A.J.

Valente Ngwenya Malangatana
Last Supper (Das letzte Abendmahl)

Malangatana gilt als der bedeutendste zeitgenössische Künstler Mocambiques. Als er diese Bleistiftzeichnung anfertigte, war er 25 Jahre alt. Er hatte als Kind kurzzeitig die Schule einer Schweizer Missionsgesellschaft besucht, aber bereits mit zwölf Jahren musste er in der Hauptstadt des Landes seinen Lebensunterhalt selbst verdienen. So arbeitete er in den 1950er Jahren als Balljunge und Küchenhilfe für die Angestellten eines vornehmen Clubs. Angeregt durch die Bilder in den Clubräumen schuf Malangatana zahlreiche Werke. Durch den Besuch einer Abendschule verbesserte er zusätzlich seine Zeichentechnik. Erst als ihn ein reicher Gönner »entdeckte», konnte er sein Hobby zum Beruf machen. Es war die Zeit des Kampfes um die Unabhängigkeit des Landes und Malangatana geriet zwischen die Fronten, wurde dann 1965 verhaftet und verbrachte einige Zeit im Gefängnis. 1975 erreichte Mocambique die Unabhängigkeit, aber ein blutiger Bürgerkrieg folgte.

Aus dem Hobbymaler ohne Ausbildung wurde ein gefeierter Künstler, der seine einfache Herkunft nicht verleugnet. Bis heute unterrichtet er jeden Sonntag Kinder in seinem Haus. *»Wenn er sie zum Malen anleitet, müssen die Kinder Einfallsreichtum beweisen. Sie sollen mit dem malen, was greifbar ist – notfalls also auch mit einem Ast im Sand, wie er es in seiner Kindheit getan hat. Stets ermutigt er die Kinder, ihre Problemlösungen in sich selbst zu finden.«* (S. Horsch-Albert 2001)

Valente Ngwenya Malangatana
Maler und Grafiker
*1936 in Matalana (Mocambique), lebt in Maputo (Mocambique)
Last supper (Das letzte Abendmahl)
Bleistiftzeichnung, 51 × 73,3 cm, 1961

Malangatanas Zeichnung vom letzten Abendmahl wirkt auf Europäer, die mit der afrikanischen Kunst nicht vertraut sind, ungewohnt, vielleicht sogar abstoßend, jedenfalls erschreckend. Vor allem ist es die Gestalt Jesu in der Mitte, die wir wohl so auf Bildern noch nie gesehen haben. Malangatana zeichnet Jesus nicht sanft und freundlich, nicht einmal nur ernst, sondern enttäuscht und missmutig, abweisend und abwesend, kraftlos und mutlos. Jedenfalls zeichnet er ihn als einen Menschen, der genau so an dem, was auf ihn wartet, leidet und der sich nach dem Sinn des Leidens und des Todes fragt, wie es jeder andere Mensch in dieser Situation täte. Jesu Leben hängt von einem Verrat ab, den einer, der mit ihm an diesem Tisch sitzt, gleich nachher vollziehen wird. Da schweigen laute Freude und Lust, feierliche Stimmung und Hochgefühle sind vergangen. Malangatanas ungetrübter Realismus in der Gestaltung der Szene und der Atmosphäre des Bildes sind sowohl vom *Lied vom Gottesknecht* (Jesaja 52,13-53,12) als auch von den Evangelien gedeckt. Es war eine sehr ernste letzte Mahlzeit Jesu mit seinen Freunden vor der unausweichlichen Verurteilung zum Tod am Kreuz, während der Jesus ihnen noch einige bittere Wahrheiten verkündete, ehe sie zum Garten Gethsemane aufbrachen. Konzentriertes Betrachten lässt die Gesichter, vor allem die großen Augen, leben und sprechen. Lesen Sie dazu in den Evangelien einen der Berichte vom letzten Abendmahl oder hören Sie dazu eine der großen Passionen von Johann Sebastian Bach.

Wir können vermuten, dass der Künstler das große Abendmahlsbild Leonardo da Vincis kannte. Vielleicht hat er das Bild in der Schweizer Missionsschule oder in einer Bibelausgabe der Missionare gesehen? So wie Leonardo, der Jesu Abendmahl mit seinen Jüngern an einem langen Tisch in einem Renaissance-Saal stattfinden lässt und alle Personen in kostbaren Kleidern seiner Zeit ausstattete, verpflanzt Malangatana die Abendmahlsszene in seine eigene afrikanische Lebenswelt. Er idealisiert dabei allerdings Jesus und seine Jüngerschaft am Vorabend des Karfreitags nicht. Der Tisch, der den größten Teil der Bildfläche einnimmt, ist reichlich gedeckt mit Karaffen und Schalen, Brot und Wein, Früchten und Wasser, wie es sich gehörte. Es ist alles bereit. Um den Tisch sitzen, dicht gedrängt, die zwölf Freunde mit ihrem Meister. Lähmende Angst und pures Entsetzen vor der allernächsten Zukunft breitet sich auf den Gesichtern aus. Es ist, als ob sich einer hinter dem anderen versteckte. Der reich gedeckte Tisch löst keine Freude aus. Nach Essen ist ihnen nicht zumute, selbst der Kelch, den der Jünger links im Bild bereits ergriffen hat, bleibt auf dem Tisch stehen. Judas hat die entscheidende Frage gestellt: *»Herr, bin ich's?«* Er hat einen Brotbrocken ergriffen und hält seine Hand wie eine Kralle Jesus vors Gesicht. Eine Bedrohung scheint davon auszugehen. Das Gesicht Judas', der die Zähne bleckt, wird zu einer wilden, Furcht einflößenden Fratze. Die Kopfbedeckung, die ihn als frommen Juden ausweist, passt dazu wahrlich nicht.

Malangatanas Stilmittel sind einerseits die dicht gedrängten Menschen, erwartungsvoll, angstvoll, abwartend, zuschauend, beobachtend. Noch prägender aber ist bei Malangatana die Wiedergabe der Augen seiner Figuren. Sie heben sich deutlich aus seinen Bildwerken ab. Die Augen drücken alle Facetten menschlicher Empfindung aus – Überraschung und Erstaunen ebenso wie Resignation, Neugier und Entsetzen. Die Blicke aller Jünger sind gespannt und richten sich auf Jesus oder auf Judas. Jesus schaut zu Judas, als wolle er sagen: *»Ja, du bist es!«* Von diesen Beziehungen, die die Augen ausdrücken, lebt das Bild und deshalb lohnt es sich, dass wir uns hineinvertiefen. Die Augen sind es, die das Bild so ungemein lebendig machen. Und sie machen es auch für uns wichtig.

Jesus sitzt in der Mitte seiner Jünger. Seine Augen blicken lange und durchdringend auf Judas und durch ihn hindurch in die Ferne. Sie sehen mehr als andere Augen. Sie sehen das Leid und den Jammer der Menschen. Sie sehen den Hass seiner Gegner. Sie sehen voll Trauer in die Zukunft. Je länger ich in Jesu Angesicht schaue, desto deutlicher erkenne ich: *Jesus sieht mich!*

Er hatte keine schöne und edle Gestalt, so dass wir ihn anschauen mochten. Er sah nicht so aus, dass wir Gefallen fanden an ihm. Er wurde verachtet und von den Menschen gemieden, ein Mann voller Schmerzen mit Krankheit vertraut. Wie einer, vor dem man das Gesicht verhüllt, war er verachtet; wir schätzten ihn nicht.

Jesaja 53, 2.3 Einheitsübersetzung

A.J.

Azaria Mbatha
Grafiker
*1941 in Mabeka/Zululand (Südafrika), lebt in Lund (Schweden)
Bergpredigt
Linolschnitt, 30,7 × 33,7 cm, 1962

Azaria Mbatha
Bergpredigt

Eine große Menschenmenge hat sich versammelt. Sie wollen hören, wenn Jesus predigt, und sie wollen sich von ihm segnen zu lassen. Es scheint weniger die Szene der *Bergpredigt* zu sein, die Matthäus so schildert:

Als er aber das Volk sah, ging er auf einen Berg und setzte sich; und seine Jünger traten zu ihm. *Matthäus 5,1*

Eher ist es die *Feldrede*, die bei Lukas so eingeleitet wird:

Und er ging mit ihnen hinab und trat auf ein ebenes Feld. Und um ihn herum war eine große Schar seiner Jünger und eine große Menge des Volkes ... *Lukas 6,17*

Wir sehen die große *Schar* und in derselben Perspektive, wenn auch distanzierter, Jesus. Die Menschen haben sich dem Prediger zugewandt; ja offenbar sind sie von dem, was er sagt, so beeindruckt und ergriffen, dass sie vor ihm niedergekniet sind. In langen bogenförmigen Reihen haben sie sich angeordnet; Bögen, die als bestimmendes formales Element auch an anderen Stellen des Bildes auftauchen (die Blätter des Baumes, der Berg, vor dem Jesus steht). Wir sehen die Menschen nur von hinten, kein einziges Gesicht. Das Individuum ist hier nicht wichtig.

In dieser Darstellungsweise spiegelt sich ein wesentlicher Aspekt der Andersartigkeit afrikanischer Kulturen von den europäischen. Ein Vergleich mit dem Holzschnitt von Christian Rohlfs (S.51) zeigt dies deutlich. Beide Künstler gestalten die gleiche Szene. Die genau entgegengesetzte Perspektive bei Rohlfs lässt deutlich werden: Ihm kommt es auf jedes Individuum an. Jeder ist vor Jesus unverwechselbar und so von ihm gemeint; und jeder reagiert auch individuell. In der afrikanischen Kultur aber ist der Einzelne nur als Glied einer Gruppe zu denken. Das stellt Mbatha dar. Deshalb kommt es nicht darauf an, die Gesichter zu sehen. Vielmehr bilden die Menschen ein ganz spezielles *Muster*, im ganz wörtlichen Sinne auf dem Bild und im übertragenen das *Muster der Gemeinschaft* durch Christus, die Kirche.

Oben links steht eine große Palme mit weit ausschwingenden kräftigen Zweigen. Der Baum lässt manche Deutungen zu: Ist es der »*Baum des Lebens*«, von dem Jesus in seiner *Weinstockrede* (Johannes 15), wenn auch nicht ausdrücklich, spricht? Weist der Baum darauf hin, dass Menschen in Gottes Nähe wie Bäume sind (Psalm 1,3) und *blühen, fruchtbar und frisch* bleiben (Psalm 92,15) oder dass *der Gerechte blühen* wird *wie ein Palmbaum* (Psalm 93,13)? Zeigt er, was aus den kleinen Hoffnungspflänzchen werden kann, die unten links schon zwischen den Knienden wachsen?

Jesus steht nicht auf dem Kuppelberg, sondern davor. Solche Berge gelten in Afrika bis heute als heilige Orte und werden aufgesucht, um dort besondere Segnungen zu besondere Segnungen zu empfangen.

Und so sind Jesu Hände - segnend, einladend, sendend – ausgebreitet. Wie sein Gesicht sind sie zum Teil

schwarz, zum Teil weiß. Jesus gehört niemandem allein, keiner einzelnen Gruppe von Menschen, die sich durch Hautfarbe, Sprache, Bildung, Milieu, Konfession ... von anderen unterscheidet. Jesus gehört allen, ob weiß, ob schwarz, ob gelb, ob rot, und dies gilt nicht nur für die verschiedenen Hautfarben. Es gilt ganz allgemein, Jesus gehört allen (und alle gehören ihm!); und damit alle es erfahren, sagt er *Ich sende euch* – und wie bei einer Weihe oder Ordination knien die vor ihm, die an ihn glauben.

Über Jesus ist der Himmel fächerförmig schraffiert, so dass die predigende und segnende Gestalt im Zentrum steht. Jesus redet nicht aus sich selbst. Eine höhere Autorität bevollmächtigt ihn.

H.H.

Azaria Mbatha
Grafiker
*1941 in Mabeka/Zululand (Südafrika), lebt in Lund (Schweden)
Ich sende euch
Linolschnitt 45,5 × 30,2 cm, 1986

Azaria Mbatha
Ich sende euch

Die Kunst Afrikas ist für Menschen, die mit der Kultur Europas aufgewachsen sind, zunächst fremd. »*Will ein Europäer afrikanische Kunst verstehen, so muß er sich die Mühe machen, diese afrikanische Kultur als Ganzes zu verstehen. In ihr gab es noch keine Trennung zwischen Religion und Leben, zwischen dem einzelnen und der Gemeinschaft, zwischen Haus und Arbeitsstelle, zwischen Kunst und Handwerk. Kunst ist ein Teil der Stammeskultur.*« (Theo Sundermeier)

Azaria Mbatha ist in der Stammeskultur der Zulus in Südafrika aufgewachsen. Erst als er 1962 in einem schwedischen Missionshospital lag, entdeckten Missionare seine künstlerische Begabung und ermöglichten ihm ein mehrjähriges Kunststudium in Natal und Stockholm.

Danach setzte der Herr weitere zweiundsiebzig Jünger ein und sandte sie je zwei und zwei vor sich her in alle Städte und Orte, wohin er gehen wollte, und sprach zu ihnen: ... Geht hin; siehe, ich sende euch wie Lämmer mitten unter die Wölfe. ... und heilt die Kranken, die dort sind, und sagt ihnen: Das Reich Gottes ist nahe zu euch gekommen.

Lukas 10,1.3.9

Den aussendenden Christus entdecken wir in diesem Erzählbild rechts oben. Er ist durch einen Lichtschein um das Haupt, den Nimbus, gekennzeichnet. Eine Gesichtshälfte ist weiß, die andere schwarz. Seine Botschaft und seine Zuwendung gilt weißen und schwarzen Menschen. Menschen jeder ethnischer Herkunft sind zur Nachfolge aufgerufen. Und es folgen ihm auch zwölf Jünger unterschiedlicher Hautfarbe. Azaria Mbatha hat Jesus hier die Gestalt des Franz von Assisi gegeben, von dem die Legende erzählt, er habe den Vögeln gepredigt, die in diesem Linolschnitt um seine rechte weiße und um seine linke schwarze Hand flattern.

Jeweils zwei und zwei gemeinsam erfüllen die Jünger den Missionsauftrag. Wir sehen sie, mit einem Kreuz auf dem Gewand als Missionare gekennzeichnet, im unteren Bildbereich gemeinsam in einem Boot, von dem aus sie mit weit ausgestrecktem Arm die befreiende Botschaft verkündigen, dass das Reich Gottes nahe ist. Sie schauen die Betrachtenden an, sie laden uns ein, mit in ihr Boot zu steigen, in *»das Schiff, das sich Gemeinde nennt«*.

Über den Predigern im Schiff sind noch weitere Jünger im Auftrag Christi unterwegs, wiederum ein schwarzer und ein weißer gemeinsam. Sie unterziehen sich der besonders risikoreichen Aufgabe, die Botschaft von Gerechtigkeit, Barmherzigkeit und Frieden vor dem Thron eines Mächtigen auszusprechen, der von einem Speerträger bewacht wird. Der Herrscher hat ein weißes Gesicht und wird durch seinen spärlichen Haarkranz als Mann in fortgeschrittenem Alter gekennzeichnet. Weiße

Hautfarbe und Alter bedeuten in Afrika Autorität. Aber merkwürdig, die rechte Hand des Herrschers ist schwarz. Damit nimmt der Künstler die Schwarzen in die Ausübung von Macht mit hinein.

Die Rückenlehne des Thrones verläuft auf der Mittellinie des Bildes. Links daneben steht ein weiteres Jüngerpaar in der Gemeinsamkeit von Schwarz und Weiß. Etwas größer in ihrer Gestalt erkennen wir vor ihnen zwei weitere Menschen schwarzer Hautfarbe: Einer von ihnen wendet uns den Rücken zu und schaut mit einladender Gebärde nach rechts, während ein unbekleideter Mann im Wasser steht und auf den ersten schaut. Offenbar ist der Mann im Wasser gerade getauft worden, denn er trägt das Zeichen des Kreuzes auf seiner Brust.

Die Wirkung des Missionsdienstes ist sichtbar: Die beiden Männer im linken unteren Bildfeld lassen ihren Speer fallen und signalisieren damit ihre Bereitschaft zur Gewaltlosigkeit. Der große Tiger neben ihnen liegt besänftigt da und hat seinen Kopf auf die Pfoten gelegt. Diese friedliche Situation wird im gegenüberliegenden Bildfeld zur Vision des Jesaja:

Da werden die Wölfe bei den Lämmern wohnen und die Panther bei den Böcken lagern. Ein kleiner Knabe wird Kälber und junge Löwen und Mastvieh miteinander treiben. Jes. 11,6

S.G.

Lindiwe Mvemve
Grafikerin
*1958 in Wattville bei Benoni, Johannesburg (Südafrika),
lebt in Pietermaritzburg (Südafrika)

Gebet in der Familie
Linolschnitt, 41 × 36 cm, 1977

Lindiwe Mvemve
Gebet in der Familie

Die südafrikanische Künstlerin, die ihre Ausbildung wie andere in diesem Buch vertretene afrikanische Künstlerinnen und Künstler in der Rorke´s Drift Art School auf einer Missionsstation im Zululand erhielt, ging in der Auswahl ihrer Themen und in ihrer bildnerischen Umsetzung eigene Wege. In einer Serie von Linolschnitten befasste sie sich mit dem Thema: Beten. *»Rufe mich an in der Not«* - so könnte das Bild, das aus dieser Bilderserie stammt, heißen. Sechs Personen sind beieinander in einer Hütte, in die das helle Tageslicht hineinscheint. Der Tisch ist leer. Die Not ist groß. Ratlos schaut der Vater, den ich in der aufgerichteten Gestalt sehe, nach draußen ins Helle, die Mutter, die neben ihm sitzt, greift sich nachdenkend in die Haare, während eine weitere Person, vielleicht eines der Kinder, sich über den leeren Tisch beugt, schläft, weint oder einfach zu schwach ist, um sich aufrecht zu halten. Auf dem Boden liegt ein alter Mensch, zusammengefallen, traurig, vielleicht schlafend. Der Kleinste, dessen Schatten sich auf dem Boden abzeichnet, kniet auf dem Boden und versucht sich an etwas festzuhalten. Ruhig und leidenschaftlos sitzt der kleine Junge mit dem Rücken zu uns am Tisch, zieht die Arme über seinen Kopf und wartet. Alle warten. Ist das Beten? Ja. Beten kann viele Formen haben.

Es ist die Geschichte einer von vielen namenlosen Familien irgendwo in der Welt. Da wirken keine dramatischen Gesten auf uns, aber die Not schreit gen Himmel. Lange können sie ohne Nahrung, ohne Vorräte, ohne Arbeit, ohne Zuwendung nicht mehr durchhalten. In dem Dorf, aus dem die Künstlerin stammt, ist solche Trostlosigkeit Alltag. Szenen wie diese spielen sich überall in den schwarzen Townships ab. Jeder reagiert seinen Schmerz anders ab. Beten kann man in jeder Lage und ohne irgend ein Ritual. Die Künstlerin lädt uns ein zu erkennen, dass auch unter solchen Umständen gebetet werden kann, ja gebetet wird.

Rufe mich an in der Not, so will ich dich erretten und du sollst mich preisen. *Psalm 50,15*

Selbst wenn das Gespräch der Menschen untereinander abbricht, weil jeder so mit sich selbst beschäftigt ist und man sich im Moment nichts zu sagen hat, bleibt die Verbindung zu Gott über das persönliche Gebet.

Die Lage ist wirklich verzweifelt. Aber zwei weit offene Augenpaare machen dem Betrachter Mut. Da sind zum einen die offenen, fragenden Augen der Mutter mit den auf dem Tisch aufgestützten Armen und zum anderen die nach draußen gerichteten Augen des Vaters. Der Vater denkt und überlegt und es fällt ihm etwas ein, was nach Rettung aussieht. Er fasst einen Plan. Die Augen der Mutter sind nach innen gerichtet als denke sie über einen Ausweg nach. Die anderen sind vielleicht schon zu schwach, um Worte zu bilden, aber ein *»Herr, hilf«* kommt gewiss auch ihnen über die Lippen.

Beten kann ein Blick nach innen sein und ein Blick nach außen. Im Beten wird dem Beter eine Situation erst deutlich und im Gebet schenkt Gott auch die

Erleuchtung für den nächsten Schritt. So deute ich die Armhaltung des Vaters, der sich abzustützen versucht, bereits als den aktiven Versuch, aufzustehen und Hilfe zu holen. Vielleicht erst einmal einen Laib Brot auf den leeren Tisch, vielleicht auch einen Arzt. Das Licht, das von außen in die Hüte dringt, wird plötzlich zum Bestandteil des Bildes mit einer lebensrettenden Aussage. Die Familie zieht sich zwar in ihre Hütte zurück. Sie wollen allein sein, aber sie machen die Tür nicht zu, so dass das Licht einfallen kann und sie den Blick- und Hörkontakt nach außen nicht verlieren. Rettung kann für sie nur von außen kommen, deshalb ist es ganz entscheidend wichtig, miteinander und mit Gott ständig in Kontakt zu bleiben.

A.J.

Lindiwe Mvemve
Grafikerin
*1958 in Wattville bei Benoni, Johannesburg (Südafrika),
lebt in Pietermaritzburg (Südafrika)

Die Kreuzigung im Heilsplan Gottes
Linolschnitt, 46 × 31 cm, 1977

Lindiwe Mvemve
Die Kreuzigung im Heilsplan Gottes

Kein Zepter, keine Krone sucht er auf dieser Welt;
im hohen Himmelsthrone ist ihm sein Reich bestellt.
Er will hier seine Macht und Majestät verhüllen,
bis er des Vaters Willen im Leiden hat vollbracht.

Michael Schirmer 1640

Lindiwe Mvemve hat mit 19 Jahren ein sehr eindrückliches Passionsbild geschaffen. Sie hatte gerade erst mit ihrer Ausbildung in der Rorke´s Drift Art School angefangen und begonnen, sich an der Missionsschule mit biblischen Themen zu befassen und schon setzte sie sich mit zentralen theologischen Fragen auseinander. Das Kommen Jesu in unsere Welt und sein Tod am Kreuz auf Golgota um unserer Sünde willen konnte sie nur verstehen und annehmen als Teil eines großen Plans, den Gott mit den Menschen zu unserem Heil hat. Nur so bekommt das Handeln Gottes Sinn und Ziel.

Das Lämmlein ist der große Freund
und Heiland meiner Seelen;
den, den hat Gott zum Sündenfeind
und Sühner wollen wählen:
Geh hin, mein Kind, und nimm dich an
der Kinder, dich ich ausgetan
zur Straf und Zornesruten;
die Straf ist schwer, der Zorn ist groß,
du kannst und sollst sie machen los
durch Sterben und durch Bluten.

Ja, Vater, ja von Herzensgrund,
leg auf, ich will dir's tragen;
mein Wollen hängt an deinem Mund,
mein Wirken ist dein Sagen.
O Wunderlieb, o Liebesmacht,
du kannst – was nie kein Mensch gedacht –
Gott seinen Sohn abzwingen.
O Liebe, Liebe, du bist stark,
du streckest den in Grab und Sarg,
vor dem die Felsen springen.

Paul Gerhardt 1647

Wir sehen eine alles überragende Gestalt, die die ganze Bildfläche einnimmt. Auffällig ist daran das schwarze Gesicht, der helle Haarschopf, das helle Gewand, der überproportionierte Arm und die riesige Hand. Kopfhaltung und geschlossene Augen drücken Kummer, Mitgefühl und Mitleid aus. Die Künstlerin wagt sich daran, auf solche Weise auszudrücken, dass Gott das Leiden und den Tod seines eigenen Sohnes fest in Händen hat und dass er auch das ganze Leid der Welt trägt und mit erleidet. Sie stellt in ihrem tiefsinnigen Linolschnitt Gott Vater dar, der einen Abendmahlskelch in seiner großen rechten Hand hält. Auf dem Kelch ist das Leiden Jesu auf Golgota dargestellt. Er stirbt den Kreuzestod, umgeben von zwei Verbrechern. Jesus ist, wie Gott Vater auch, mit schwarzer Hautfarbe dargestellt. Die beiden Verbrecher rechts und links sind Weiße. Über dem Kreuz schwebt als wichtiges Symbol des Trostes ein Engel, auch er schwarz. Dazwischen aber wirkt in der dargestellten Szene die weiße Linie des Kelches, die die Rundung der Öffnung bezeichnet, wie eine Abgrenzung des irdischen (Kreuzigung) vom himmlischen Bereich (Engel). Wichtig sind die beiden knienden Menschen vor dem Kreuz, auch sie mit schwarzer Hautfarbe in weißen, feierlichen Kleidern. Es mögen klagende Frauen sein, vielleicht Maria und Johannes, vielleicht aber auch du und ich. Ein Bildwort fällt mir ein, das aus Afrika überliefert ist: *»Danken heißt: sich vor Gott hinsetzen und sich freuen«*.

Alle positiven Gestalten haben eine schwarze Hautfarbe (Gottvater, Jesus, und die knienden Leidtragenden), nur die Verbrecher sind weiß. Das ist wohl die Lebenswirklichkeit der Künstlerin.

Jesu, dir sei ewig Lob, der du uns erlöset,
durch dein bittern Kreuzestod uns mit Gott versöhnet.
All dein Lieb, dein göttlich Kraft ließ uns nicht verderben,
trug fürwahr ein schwere Last, für sein' Feind zu sterben.

Sigmund von Birken 1663

Für die junge Künstlerin war es ein Trost zu wissen, dass Gott das Leiden seines Sohnes in Händen hat. So wie *»Jesus Christus sich erniedrigte und gehorsam war bis zum Tod, bis zum Tod am Kreuz«* (Philipper 2,8) konnte sie auch die politische und soziale Unterdrückung, die *Passion in Südafrika* ertragen.

Es ist in Leid und Angst ein Trost, sich in der Hand Gottes zu wissen und fest zu glauben, dass nichts Gottes väterlicher Hand und seiner Barmherzigkeit entgeht. Das ist die Botschaft dieses Bildes, das eine tiefe Weisheit von Gottes Güte und Verlässlichkeit deutlich macht und einen kraftvollen Trost enthält: Nichts geschieht ohne Gottes Willen.

A.J.

Agnes Majola
Südafrika
Adam und Eva, Vertreibung
Linolschnitt, 41 × 36 cm, 1977

Agnes Majola
Adam und Eva, Vertreibung

Adam und Eva sind bei afrikanischen Künstlern ein beliebtes und oft gestaltetes Bildmotiv. Der Paradiesgarten, die Schlange, der Baum mit seinen Früchten und die ersten Menschen lassen sich fantasiereich ausgestalten. Die junge südafrikanische Künstlerin Agnes Majola verdichtete in diesem Blatt zwei Schlüsselszenen. Adam und Eva sind Gestalten der Urgeschichte, die Majola als Afrikaner darstellt. In der rechten Bildhälfte essen sie genüsslich vom Baum des Lebens. Adam hat den Apfel in der Hand, den ihm Eva gereicht hat. Die Schlange, die sich aus dem Baum herauswindet, ist übergroß, was ihre Bedeutung betont. Ihr riesiger Mund ist geöffnet: *»Ja, sollte Gott gesagt haben....«* Der Versuchung, sein zu wollen wie Gott, sind Eva und Adam in diesem Moment erlegen. Sie haben die Abhängigkeit von Gott abgelegt und sich die unbegrenzte Herrschaft über die Natur angeeignet.

Die linke Szene ist demgegenüber karg ausgestaltet. Adam und Eva müssen das helle, fruchtbare Paradies verlassen und wandern in eine dunkle Zukunft. Es ist eine mehr als nüchterne, eine karge und beschwerliche Zukunft, die vor ihnen liegt. Krass sind die Gegensätze. Gott verweist die Menschen wieder in ihre Schranken.

Das Bild ist zweigeteilt. Links die dunkle Seite, die Welt nach der Vertreibung, rechts die helle Paradiesseite. Das Verbindende beider Seiten ist die Person Gottes. Sie schwebt und verbindet das Licht mit der Dunkelheit. Gott, dessen Antlitz niemand sehen darf, schwebt über beiden Teilen. Von der selben Stelle aus fragt und straft er voll Enttäuschung das ungehorsame Paar: *»Warum hast du das getan?« (1. Mose 3,13)* und hält doch schützend seine Hände über das Paar, das betreten und betroffen davongeht. Gott wendet ihnen den Rücken zu, aber seine Arme reichen in die Finsternis hinein und über Adam und Eva hinweg. Gottes Arme sind ihr einziger Schutz. Gott straft, aber er zieht sich nicht zurück. Es ist jedesmal unverrückbar derselbe Gott, der Vater im Himmel, der Beschützer allen Lebens. Gott ist bei Adam und Eva, auch wenn völlig offen ist, wie sie mit sich und ihrer Aufgabe, also mit Dornen und Disteln, zurechtkommen und wie ihnen das Brot im Schweiße ihres Angesichts schmecken wird. So aber mischt sich Gott wieder in ihre Geschichte ein und bleibt ihr Gott.

In der Dramaturgie der Geschichte, wie sie Agnes Majola in Kurzfassung erzählt, fallen einige besondere Züge auf. Da ist zum einen die Fürsorge Gottes, wie sie die Bibel auch verbal wunderschön zum Ausdruck bringt und die Majola voll Witz ins Bild bringt: *»Und Gott der Herr machte Adam und seiner Frau Röcke von Fellen und zog sie ihnen an« (1. Mose 3,21)*. Folgerichtig hat die Künstlerin die zwei Wanderer auf dem Weg in die Dunkelheit mit Röckchen ausgestattet. Ungewöhnlich für ein Kunstwerk einer afrikanischen Künstlerin ist, dass hier deutlich Emotionen gezeigt werden. Es wird nicht nur wie sonst in der afrikanischen Kunst ruhig und *kühl* ein Sachverhalt dargestellt, sondern sie versucht, sich in die Gefühlswelt der Frau und des Mannes hineinzudenken. Und so stellt sie Adam und Eva dar, wie sie sich die Augen reiben und sich die Tränen abwischen. Sie gehen nicht nebeneinander, sondern verschämt hintereinander. Sie müssen erst wieder zueinander finden, zunächst bleibt jeder für sich.

Im Zentrum ist Gott, der handelt und richtet, aber auch seine milden Hände ausbreitet über seine schwachen Menschen, die sich so schwer tun, Versuchungen zu bestehen. *»Die Urgeschichte ist eine fast unendliche Geschichte. Kein Mann und keine Frau kann sie im eigenen Leben vollkommen ausloten. Und auch keine Predigt, keine Bibelarbeit vermag sie je vollständig zu erfassen. Jeder/jede ist jeden Augenblick in diese Geschichte verwickelt und wird deshalb zu dieser Geschichte das sagen, was für ihn/sie selbst und die anderen jetzt wichtig ist«.* (Manfred Josuttis)

Afrikanische Kunst kennt nicht, wie wir das gewohnt sind, die Perspektive. *»Es sind deshalb andere Mittel nötig, um Wichtiges vom Unwichtigen zu unterscheiden: Das Wichtige wird herausgehoben und gross gestaltet, das andere bleibt klein oder wird ganz weggelassen«* (Theo Sundermeier). Die Ursache, der Sündenfall, tritt für Agnes Majola eindeutig zurück gegenüber der Wirkung, dem Unterwegssein des Menschen. Aber die Menschen sind nicht allein. Gott war, ist und wird ewig sein der Herr der Geschichte, der sich auch um die Kleinigkeiten unseres Lebens kümmert. So wird das Bild in seiner afrikanischen Besonderheit zu einer wunderschönen Auslegung einer grossen, weisen Erzählung der Urgeschichte der Menschheit, die uns sagt, dass Gott und nur Gott, der Weltenlenker ist und dass er sich immer um seine Menschen kümmert.

Was den Bildaufbau angeht, so irritiert das Bild zunächst: die Geschichte des Bildes, zuerst der Sündenfall, dann die Vertreibung, ist *falsch herum* zu lesen, nämlich von rechts nach links. Wozu das? Auch in Afrika schreibt man doch von links nach rechts.

Schaut man sich das Bild einmal seitenverkehrt an, erscheint es zwar zum *Lesen* richtiger, dafür geht aber etwas anderes verloren: die Wirkung der Figur des darüber schwebenden Gottes ist eine völlig andere!

Plötzlich stimmt im Originalzustand die Leserichtung des Bildes wieder: Gott ist leicht nach vorne gebeugt. Sein linker Arm ist waagrecht über Eva gehalten. Der rechte, helle Arm führt, ja zieht geradezu von unten nach oben, reicht von der Dunkelheit in den lichten Bereich rechts oben hinein, zu Gott. Das ist in der Tradition der Malerei der Raum Gottes, sozusagen das Ziel. Es gibt zwar die Vertreibung aus dem Paradies, aber Gott hält dennoch die Hand über die beiden und es gibt auch einen Weg, der wieder aus der Dunkelheit herausführt, hin zu Gott und damit ins Licht des Paradieses. Die Verheißung Gottes, dort für Menschen eine Wohnung zu bereiten, gilt auch nach Sünde und Schuld. Gott zieht sich nicht zurück.

Der du allem Leben den Atem schenkst,
hab mit uns noch Geduld,
wo wir versagen, irregehn,
vergib uns unsre Schuld.
Du bist Gott, unser Gott,
die Zuflucht für und für.
Dir leben wir, dir sterben wir,
wir gehen von dir zu dir.

Eugen Eckert 1991

A.J.

Nathaniel Mokgosi
Maler und Grafiker
*1946 in Newclare bei Sophiatown, Johannesburg (Südafrika),
lebt in Johannesburg

Vor ihm müssen sich versammeln alle Völker (Matthäus 25, 32)
Linolschnitt, 36,6 × 22,2 cm, 1980

Nathaniel Mokgosi
Vor ihm müssen sich versammeln alle Völker

Immer wieder ist festzustellen, dass sich afrikanische Künstler mit ganz anderen Themen der Bibel beschäftigen als europäische. Nathaniel Mokgosi hat zum Beispiel eine Serie von zehn Bildern zum *großen Weltgericht* geschaffen, aus denen wir dieses Blatt ausgewählt haben. Volksversammlungen: das kannte er seit seiner frühesten Kindheit. Immer, wenn etwas von entscheidender Bedeutung für den Stamm zu besprechen ist, ruft der Stammesführer seine Leute zusammen, alt und jung, Männer und Frauen. Die Szene ist Mokgosi also vertraut und er freut sich, in der Bibel eine Geschichte zu finden, die in seinem Dorf ähnlich ablaufen würde:

Wenn aber der Menschensohn kommen wird in seiner Herrlichkeit und alle Engel mit ihm, dann wird er sitzen auf dem Thron seiner Herrlichkeit, und alle Völker werden vor ihm versammelt werden. *Matthäus 25,31.32*

Das Volk steht eng zusammen. Die in verschiedene Richtungen geneigten Köpfe verleihen der Volksversammlung eine große Lebendigkeit und so herrscht über der Szene eine erwartungsvolle, gespannte Unruhe. Die zwei ganz vorne erkennbaren Hausgiebel und Dächer deuten auf die Dorfgemeinschaft hin. Fragende Trauer, Reue und Besinnung liegt auf vielen Gesichtern, einige Leute sind auch in nachdenkliche Gespräche vertieft. Wir haben den Eindruck, dass es eine würdige und sehr aufmerksame Versammlung ist, die sich der Tragweite dessen, was geschieht, bewusst ist. Schließlich entscheidet ein Richtspruch über die Zukunft jedes Einzelnen.

Etwas abgesetzt, erhöht und umgeben von einem Rahmen, der Würde und Feierlichkeit ausdrückt, spricht Jesus Christus, der Menschensohn, zu ihnen. Wir erkennen ihn an den Nägelmalen in seinen Händen und an dem Glorienschein um sein Haupt. Aber ganz entgegen den Erwartungen der Menschen spricht er nicht wie ein Richter, sondern er segnet sein Volk. In einer die Arme weit ausbreitenden Gebärde, die die ganze Weltkugel von Ost bis West zu umfassen scheint, zeigt er sich als der segnende, verzeihende, liebende Christus und macht damit deutlich sichtbar: *»Herr ist Jesus Christus«.*

Nathaniel Mokgosi stammt aus einer der Townships um Johannesburg in Südafrika. Die Schule musste er abbrechen, weil zum Weiterlernen das Geld fehlte. Er jobbte als Arbeiter, Packer, Schreiber und Motorradfahrer, bis er in das Jubilee Art Centre in Johannesburg aufgenommen wurde und dort studieren konnte. Er lebt auch heute mit seiner Familie als Grafiker und Maler in einfachen Verhältnissen in einer Siedlung bei Johannesburg. Immer wieder sind es biblische Themen, die ihn anregen, sie künstlerisch darzustellen und zu deuten.

A.J.

John Muafangejo
Christ born. Halleluja
(Christus ist geboren. Halleluja)

John Muafangejo, der sensible Künstler aus Namibia, beobachtet vor dem Hintergrund der staatlichen Rassentrennung im südlichen Afrika sehr genau. Einerseits lässt er sich anregen durch das, was er sieht, und hält es dokumentarisch – meist präzis mit einer Jahreszahl versehen - fest. Andererseits schneidet er gern seine Wunschträume in Holz oder Linol und wird damit zum Propheten. *»Wie schön wäre es«*, so höre ich ihn sagen, *»wenn in einem gemeinsamen Weihnachtsgottesdienst Sänger und Sängerinnen aller Hautfarben einander die frohe Botschaft von Jesu Geburt zusingen würden. Nur das würde der Botschaft der Engel entsprechen und nur so kann die Verheißung an die Hirten gemeint gewesen sein, die wir Menschen unterschiedslos weitergeben sollen.«* Aber 1980, als dieses Bild entstand, ließ sich das in den Kirchen im südlichen Afrika noch nicht praktizieren. Die Weißen sangen unter sich in ihren Kirchen und ebenso die Schwarzen, die dasselbe Evangelium hörten. Besonders tragisch war das Schicksal der Mischlinge, die zu keiner Seite gehörten.

Der Chor steht da in festlichen Kleidern. Das Weihnachtskonzert hat begonnen und der Chor singt kräftig und freudig. Es ist afrikanische Art, sich beim Singen einander zuzuwenden und aufeinander zu hören.

John Ndevasia Muafangejo
Grafiker
*1943 in Tunda Lo-Ngadi/Ombalandi (Angola), †1987 in Katatura (Namibia)
Christ born. Halleluja (Christus ist geboren. Halleluja)
Linolschnitt, 33,5 × 34 cm, 1980

»Christus ist geboren!«, das ist wahrlich eine Botschaft zum Weitersagen. Zwei gemischte Paare singen jeweils aus einem Buch die frohe Botschaft der Engel: *Halleluja!* Welche Sprache die Menschen sonst auch verwenden, dies ist ein international- globales Lobwort, das auf der ganzen Welt gesprochen, gesungen und verstanden wird. Das Gesicht des rechten Sängers im Bild ist schraffiert. Damit ist er als Mischling gekennzeichnet. Zwar singt er seine Stimme allein, aber er hält das gemeinsame Notenbuch und ist damit integriert. Um das gemeinsame Singen in einer Kirche zu erreichen, mussten im südlichen Afrika in den letzten Jahren viele staatliche Verbote und menschenverachtende Vorschriften geändert werden.

Der kleine Linolschnitt des Muafangejo ist nicht nur ein ausdrucksvolles zeitgeschichtliches Dokument, sondern verbleibt ein politischer Traum. Zeitlos. Wenn es dem Künstler nur darum gegangen wäre, den Traum von der Aufhebung der Rassentrennung bildlich darzustellen, dann hätte dieses typische Bild einer integrierten Gruppe, das Muafangejo mehrmals in immer wieder anderer Anordnung geschnitten hat, glücklicherweise *ausgedient*. Schwieriger als das Ändern von Apartheids-Gesetzen ist die *Versöhnung in den Köpfen*. Die Gleichheit vor dem Gesetz konnte man durch geänderte Mehrheitsverhältnisse in den Parlamenten neu regeln. Durch die Aufhebung von Verboten, Restriktionen und Gesetzen oder anderswo mit dem Einreißen von Mauern rücken die Menschen, die soziale, politische, religiöse und gesellschaftliche Vorurteile aufgebaut haben, nicht sofort und ohne Vorbehalt zusammen. Das kann keine Regierung verordnen, daran kann eine Gesellschaft oder

Gruppe nur arbeiten. Muafangejo träumt von der Solidarität der Menschen unter Gottes Wort durch den gemeinsamen Verkündigungsauftrag »aller Menschen guten Willens«. Da wird das kleine Bildchen zur Weihnacht auch für uns ganz aktuell. *»Wenn ich träume, träume ich etwas ganz Bestimmtes, und morgens fange ich dann gleich an, bevor ich es vergesse«* sagte Muafangejo in einem Interview kurz vor seinem Tod mit 44 Jahren. Morgens nach dem Aufwachen mit der Verwirklichung eines Traumes, der zur Erkenntnis wird, anzufangen - was für ein vielversprechendes Programm!

A.J.

John Muafangejo
They are shaking their hands because they are longing each other
(Versöhnung)

»Meine Themen? Ich träume!«. Auf diese kurze Formel brachte John Muafangejo sein künstlerisches Anliegen in einem aufgezeichneten Interview (ZDF 1988). Dieses Träumen erkenne ich in dem vorliegenden Bild wieder. Für einen Künstler aus Namibia bedurfte es 1981, als Muafangejo diesen Linolschnitt schuf, einer prophetischen Gabe und eines gestaltenden Willens, sich vorzustellen, dass Schwarz und Weiß einmal Sehnsucht verspüren würden, sich die Hand zu reichen in dem erahnten Wissen, dass sie einander sehr wohl brauchen. Die dargereichte weiße Hand wird von der schwarzen Hand mit ausgestrecktem Arm fest ergriffen.

Der Künstler wollte nicht nur eine symbolische Handreichung darstellen, bei der sich am Ende nur für Sekunden die Fingerspitzen berühren, sondern was er uns und wie er es uns vor Augen stellt, hält deutlich eine Belastung aus und ist so nur möglich, wenn dies beide Seiten wirklich wollen. So ergreift man eine Hand nur, wenn man auf Dauer gemeinsam arbeiten, gemeinsam leben, gemeinsam glauben will. Ich habe keinen Zweifel, dass der Künstler mit diesem Bild auch den Frauen eine besondere Rolle und Aufgabe für die politische Entwicklung der Menschheit zuschreiben wollte. In einer Zeit, in der Versöhnung unter den Menschen, unter den

John Ndevasia Muafangejo
Grafiker
*1943 in Tunda Lo- Ngadi/Ombalandi (Angola), †1987 in Katatura (Namibia)
They are shaking their hands because they are longing each other
(Versöhnung)
Linolschnitt, 36 × 27,5 cm, 1981

Völkern, unter gesellschaftlichen Gruppen immer weiter in die Ferne zu rücken scheint, müssen Frauen verstärkt

Versöhnungs- und Friedensinitiativen ergreifen und auf einander zugehen. Keine Regierung der Welt kann sich letzten Endes gegen die Frauen durchsetzen, wenn diese sich einig werden. Es gehört zum Traum Muafangejos, die Frauen seines Landes nicht nur leidend, apathisch und passiv als Opfer von Männergewalt zu sehen, sondern zu erleben, dass sie die Initiative ergreifen und aus sich heraus handeln.

Wir verstehen das schöne, gleichnishafte Bild aber erst in seiner ganzen Fülle, wenn wir die Blütenzweige in den Händen der schwarzen und der weißen Frau erkennen. Beide Frauen halten in ihren linken Händen jeweils einen Blütenzweig, den sie sich gegenseitig überreichen. Blätter und Blüten sind nicht als Ornament gemeint, genau so wenig wie Versöhnung nur eine Zierde unseres Lebens ist. Versöhnung hat eine langfristige Funktion. Alle Pflanzen wollen versorgt und gepflegt werden, damit sie auch weiterhin gedeihen und blühen. Die zarten Zweige müssen nach dem Versöhnungsfest gleich in einen fruchtbaren Boden gepflanzt werden, wo sie Wasser bekommen und sich in jeder Richtung entfalten können. Ja, jede Versöhnung muss gelebt und gepflegt werden. Nach einer Versöhnungszeremonie zur Tagesordnung überzugehen, wäre leichtsinning und würde die Vorarbeit auf Spiel setzen.

Aber die offenen Blüten sollen auch zeigen, dass Versöhnung bereits kurzfristige und oft sehr spontane Auswirkungen hat, die uns glücklich machen und uns das sehr oft einschneidende Erlebnis einer Veränderung durch Versöhnung verdeutlichen. *»Da blüht etwas auf«* sagen wir und meinen damit die Freude, die Blüten im Frühling nach langer Winterszeit auslösen. Da werden Blüten zum Symbol für Neues, für die Kraft der Natur, die sich durchgesetzt hat und für die Schönheit allen Lebens. Im Galaterbrief finden wir eine Verheißung, die gerade auch für den *Geist der Versöhnung* gilt:

Wer sich aber vom Heiligen Geist leiten läßt, der kann lieben, sich freuen, Frieden halten, der hat einen langen Atem, ist freundlich und gütig, von sanfter Geduld und Selbstbeherrschung.

Galater 5,22 Übersetzung von Berger/Nord

A.J.

Pulidindi Solomon Raj
Evangelism and Mercy
(Botschaft und Barmherzigkeit)

Mit diesem Holzschnitt von P. Solomon Raj schauen wir über die Grenzen der europäischen Kunst hinaus nach Indien. P. Solomon Raj stammt aus Südindien, Distrikt Andhra Pradesch, wo er 1921 als Sohn eines Dorfschullehrers geboren wurde. Er studierte in Indien, den USA und England Pädagogik, Theologie und Kunst. Später lehrte er an Universitäten in England, den USA und auf den Philippinen und war fast zehn Jahre lang leitender Direktor eines lutherischen Rundfunkstudios in Indien.

1983 promovierte P. Solomon Raj mit einer Arbeit über *»Inkulturation am Beispiel einer unabhängigen Kirche in Andhra Pradesch«* zum Doktor der Theologie. Im Rahmen dieser Arbeit erforschte er die mündliche Theologie dieser Kirche, die in Liedern, Geschichten, Tänzen, Theaterstücken, Malerei und Plastik ihren Ausdruck findet. Raj kam zu der Einsicht, dass Menschen nur dort eine christliche Identität entwickeln können, wo die christliche Überlieferung in der eigenen Kultur verwurzelt ist. Er schreibt: *»In Indien blickten die Christen lange Zeit mit Argwohn auf alles, was auch nur entfernt eine Verbindung zum Hinduismus hatte. Die christlichen Kirchen machten einen großen Bogen um einheimische Kunstformen wie Tanz, Musik, Malerei und Skulptur. Lange hatte die Kirche nur Übersetzungen von westlichen Kirchenliedern verwendet, die man zu westlichen Melodien sang, weil man glaubte, dass die*

Pulidindi Solomon Raj
Theologe, Schriftsteller, Grafiker
*1921 in Nigrahapun (Südindien), lebt in Vijayawada A.P. (Indien)
Evangelism and Mercy (Botschaft und Barmherzigkeit)
Holzschnitt, 30 × 21 cm, 1982

indischen Melodien für christliche Lieder nicht gut genug seien. Die Liturgie der indischen Kirchen war bis vor kurzem ein bloßer Abklatsch westlicher Vorbilder ... So kam es, dass die Christen zu Fremden in ihrem eigenen Land wurden, Topfpflanzen zu vergleichen, die im Freiland keine Wurzeln schlagen können. Glücklicherweise gibt es jedoch heute viele einheimische Kirchenlieder in allen Sprachen, die zu indischen Melodien geschrieben sind, es gibt auch schön strukturierte indische Liturgien, in denen indische Symbole Verwendung finden und bei denen die Gläubigen mit Leib und Seele mitfeiern ... Immer mehr Christen erkennen, dass wir unser reiches kulturelles Erbe nicht einfach beiseite werfen dürfen, nur weil es von außerhalb der Kirche stammt. Wir glauben, dass es auf die Botschaft ankommt und dass sich die Botschaft ein geeignetes Medium als Vehikel aussuchen darf. Es ist dann auch in einem gewissen Sinne ‚Inkarnation', Fleischwerdung des Wortes.«

In der Mittelachse des vorliegenden Holzschnitts steht das Kreuz Christi, welches die Bildhöhe fast ausfüllt. Jesus ist mit einem Lendentuch bekleidet und hängt ohne Zeichen von Erschöpfung oder Leiden am Marterholz. In königlicher Würde hält er den Kopf aufrecht und schaut die Betrachtenden wie ein Sieger über den Tod an. Um dieses zentrale Kreuzigungsgeschehen sind auf drei Bildebenen Szenen angeordnet, welche barmherziges Handeln und Bezeugen der Botschaft darstellen.

Der obere Bildstreifen zeigt ein einheitliches Geschehen, in welches der senkrechte Kreuzbalken hineinragt: Ein

Mann liegt auf dem Boden und wird von zwei Wohltätern versorgt. Eine Frau kniet und bettet den Kopf des Bedürftigen auf ihrem Schoß. Am Fußende steht ein Mann in langem Gewand und beugt sich über die Beine des Liegenden. Die mittlere Bildebene ist durch das Kreuz in zwei Szenen geteilt. Im linken Teil reicht eine jugendliche Frau, gekleidet in einen kräftig gemusterten Rock, einem gebrechlichen Menschen ein Fladenbrot. Der Bedürftige stützt sich auf einen Gehstock und beugt sich über die gereichte Gabe. Der Gegensatz zwischen den beiden Menschen liegt in der Lebenskraft einerseits und der Hinfälligkeit andererseits. Es geht um die Versorgung eines alten oder kranken Menschen.

Rechts auf derselben Bildebene sieht man eine Frau mit Ohrschmuck, einem Tuch über den Haaren und einem langen Kleid. Sie wendet sich im Profil einem Mann mit Turban zu und reicht ihm einen Krug. Der Durstige beugt sich unter einem großen Korb, der auf seinen Schultern festgebunden ist. Er greift nach dem Krug, den ihm die Frau anbietet, und öffnet den Mund zum Trinken. Zwischen den beiden Menschen wächst eine Pflanze als Zeichen für das Leben, das durch die Gabe des Wassers keimt.

In den beiden Bildfeldern der untersten Ebene gehören jeweils zwei Menschen zusammen. Links weist ein Mann mit ausgestrecktem Arm einladend auf den Gekreuzigten. Die andere Hand legt er liebevoll auf den Rücken des Mannes, der neben ihm steht und sich noch abwartend am Rande des Geschehens aufhält. Beide Menschen wenden sich uns, den Betrachtenden, frontal zu, so dass wir in die Einladung zu Christus mit einbezogen werden. Auch in der rechten Szene lädt ein Mann mit ausladender Geste dazu ein, sich Jesus zuzuwenden. Dabei blickt er mit leicht geneigtem Kopf eine Frau an, die schräg vor ihm steht und distanziert die Arme vor ihrem Körper verschränkt. In beiden Szenen der unteren Ebene wachsen Pflanzen als Symbol des Lebens, das von der Einladung zu Christus ausgeht.

In kirchlichen Kreisen kennen wir die Auseinandersetzung mit der Frage: Was ist wichtiger, die evangelistische Predigt oder das diakonische Handeln? P. Solomon Raj sieht beide Arbeitsfelder der Kirche zusammen. Die Mitte des christlichen Glaubens, der Ausgangspunkt allen kirchlichen Handelns ist der gekreuzigte Christus. In seiner Predigt vom Weltgericht (Matthäus 25,31-46) spricht Jesus barmherziges Handeln an: Hungrige speisen, Durstige laben, Fremde beherbergen, Nackte kleiden, Kranke betreuen, Gefangene besuchen. Wenn Christen Barmherzigkeit an Bedürftigen üben, werden sie auf die Frage: Warum tust du das? von ihrem Glauben sprechen, der ihr Leben verändert, ihren Blick für die Bedürfnisse anderer Menschen geöffnet und sie zu liebevollem Handeln motiviert hat.

S.G.

Marc Chagall
Maler und Grafiker
*1887 in Witebsk (Weißrussland), †1985 in Saint- Paul de Vence (Südfrankreich)
Tanz der Miriam
Tusche, Aquarell und Gouache, 35,7 × 27 cm, 1960

Marc Chagall
Tanz der Miriam

»Seit meiner frühen Jugend hat mich die Bibel gefesselt. Sie erschien mir immer und erscheint mir auch heute noch als die größte Quelle der Poesie aller Zeiten. Stets habe ich ihre Spiegelung im Leben und in der Kunst gesucht. Die Bibel ist wie ein Widerhall der Natur, und dieses Geheimnis habe ich weiterzugeben versucht.« So schrieb Marc Chagall im Vorwort zum Katalog der Ausstellung *Die biblische Botschaft* in Nizza, die am 86. Geburtstag des Künstlers eröffnet wurde. Der Umgang mit der Bibel begleitete Chagall durch sein Leben, in dem er neben Glück und öffentlicher Anerkennung auch Armut, Flucht und mehrfache Emigration erfuhr.

Viele seiner Bilder sind von Freude, Begeisterung und tänzerischem Überschwang beseelt. Die Gesetze der Schwerkraft sind aufgehoben, und Tiere und Menschen schweben mit Leichtigkeit im freien Raum, weil die Liebe oder andere starke Gefühle sie beflügeln. In diese Grundstimmung der Lebensfreude reiht sich die Zeichnung *Tanz der Miriam* ein.

Da nahm Miriam, die Prophetin,
Aarons Schwester, eine Pauke in ihre Hand,
und alle Frauen folgten ihr nach mit Pauken im Reigen.
Und Miriam sang ihnen vor:
Lasst uns dem Herrn singen,
denn er hat eine herrliche Tat getan.
Ross und Mann hat er ins Meer gestürzt. *2.Mose 15,20f*

Schwungvoll reckt sich der Leib Miriams nach oben. In jeder ihrer hoch emporgehobenen Hände hält sie ein Rhythmusinstrument mit Schellen. Wir können das Singen und das Schlagen der Instrumente nicht hören. Aber die innere Bewegung, der lebhafte Dank wird körperlich sichtbar ins Bild gesetzt. Im Tanz wird die Gotteserfahrung über das Hören, Sprechen und Singen hinaus erweitert und zum ganzheitlichen Ausdruck der Freude über Gott. Miriams Jubel ist ansteckend, ihre Bewegungen sind mitreißend. Zwei weitere junge Frauen singen, musizieren und tanzen begeistert mit. Sie schauen aus dem Bild heraus die Betrachtenden an und nehmen uns mit hinein in ihre Begeisterung. Ein weiterer Frauenkopf ist unter dem linken Arm der Miriam sichtbar. Mit geöffnetem Mund scheint diese die Nachfolgenden anzuschauen als wolle sie die große Schar der Gläubigen zum Mitsingen auffordern.

Die ganze Szene ist überwölbt von einem zart hingesetzten Himmelsbogen. An seinen Enden ist er geschmückt mit Blättern, zwischen denen an den Bildrändern je ein Gesicht im Profil erkennbar wird, das sich den Frauen freundlich zuneigt. Wir werden an den Regenbogen nach der Sintflut erinnert, der nach der Flutkatastrophe zum Symbol für Gottes Rettungsverheißungen geworden ist. Können wir die linke Gestalt, die aus dem Himmelsbogen schaut, als den Herrn des Himmels deuten, der mit der Geste der Hand wohlgefällige Annahme des Lobpreises erkennen lässt? Miriam schaut mit singendem Mund über die Köpfe ihrer Begleiterinnen hinweg das Antlitz Gottes.

Der immer wieder neu ansetzende Strich der Zeichnung betont die Lebhaftigkeit des Tanzes, der sich nicht einfangen lässt in einen festgelegten Umriss. Alles ist in Bewegung, die Rettungstat Gottes reißt die Menschen empor und ermutigt zum Aufbruch in eine ungewisse Zukunft. Es ist ein Singen und Tanzen nach Erfahrungen von Bedrohung und Todesangst. Auch in Zukunft warten auf das Volk Gottes Wüstenregionen, Hungerzeiten, Durststrecken. Aber am Beginn des Weges steht die Erfahrung eines gütigen Gottes. Miriam und ihren Begleiterinnen ist es nicht möglich, in gesammelter Haltung den Dank auszusprechen. Freude und Jubel drängen zum körperlichen Ausdruck.

Ist es ein Zufall, dass die Einladung zum Tanzen von Miriam ausgeht und nicht von Mose oder Aaron? Auch heute sind es vor allem Frauen, die im liturgischen Tanz die Güte Gottes feiern. Damit stehen sie in biblischer Tradition:

Lobt ihn mit Pauken und Reigen! *Psalm 150,4*

(Bei der Überführung der Bundeslade) *tanzten David und ganz Israel vor dem Herrn her mit aller Macht im Reigen, mit Liedern, mit Harfen und Psaltern und Pauken und Schellen und Zimbeln.* *2.Samuel 6,4*

Im Gleichnis vom gütigen Vater (Lukas 15,11-32) spiegelt das irdische Fest die Freuden der himmlischen Herrlichkeit wider, zu der auch *»Singen und Tanzen«* gehört (Vers 25). Der (Reigen-)Tanz gilt sowohl im Alten als auch im Neuen Testament als Ausdruck von Glück und Freude in der Gegenwart Gottes.

S.G.

Marc Chagall
Maler und Grafiker
*1887 in Witebsk (Weißrussland), †1985 in Saint- Paul de Vence (Südfrankreich)
Das Gebet Nehemias
Kohle, 36,4 × 26,4 cm, 1960

Marc Chagall
Das Gebet Nehemias

Das Buch des Propheten Nehemia beginnt damit, dass Nehemia, der als hoher Staatsbeamter am persischen Hof in Susa lebt, reisende Juden fragt, wie es den nach Jerusalem zurückgekehrten Juden und der Stadt ergehe.

Sie sprachen zu mir: 'Die Entronnenen, die zurückgekehrt sind aus der Gefangenschaft, sind dort im Lande im großen Unglück und in Schmach; die Mauern Jerusalems liegen zerbrochen, und seine Tore sind mit Feuer verbrannt.' Als ich aber diese Worte hörte, setzte ich mich nieder und weinte und trug Leid tagelang und fastete und betete vor dem Gott des Himmels. *Nehemia 1,3f*

Es folgt in wörtlicher Rede das Gebet Nehemias, in dem er nach dem Lobpreis und dem Sündenbekenntnis Gott an seine Verheißungen erinnert und zu Gott fleht.

Marc Chagall hat dieses Gebet ins Bild gesetzt. Er bedient sich der Kohlezeichnung als eines spontanen Ausdrucksmittels, in dem allein der Druck der zeichnenden Hand auf den Stift zarte oder kräftige Linien bewirkt. Der Künstler teilt die Fläche durch eine leicht nach rechts geneigte Mittellinie. In der linken Bildhälfte sehen wir den Kopf Nehemias. Er wendet sein Gesicht im Profil nach außen aus dem Bild hinaus. Seine Augen sind geschlossen, sein Mund ist zum laut gesprochenen Gebet geöffnet. Das Gesicht wird umrahmt von lockigem Haupthaar und einem fülligen

Bart. Nehemia hat seine Hände im Gebet flehend ausgebreitet. (Irritierend wirkt, dass den Händen je ein Strich mehr angefügt ist, als es für die Anzahl der Finger nötig wäre.) Er hat die Not der Menschen und das Unglück der Stadt wahrgenommen, er macht ihre Sache zu seiner eigenen.

In Nehemias Rücken, in der rechten Bildhälfte, sehen wir die Stadt und die Menschen, die im Mittelpunkt der Fürbitte stehen. Häuser mit orientalischen Dachformen sind angedeutet. Der Rauch, der von den Dächern emporsteigt, weist auf die Zerstörung der Stadt. Den Menschen ist die Existenzgrundlage genommen. Ist in Jerusalem überhaupt noch Leben möglich? Kann die Stadt wieder aufgebaut werden? Im Vordergrund, vor den Gebäuden, sehen wir Menschen, die unschlüssig stehen und warten. Mutlos und hoffnungslos bleiben sie untätig. Worauf warten sie? Hoffen sie auf ein Eingreifen Gottes? Warten sie auf Ermutigung und Hilfe, auf eine von Gott gesandte Führungsperson, welche den Wiederaufbau der Stadt in die Hand nimmt und ihnen eine Zukunftsperspektive gibt?

Sie wissen nicht, dass Gottes Heilshandeln schon begonnen hat. Im fernen Susa stellt Nehemia die wartenden Menschen fürbittend vor Gott. Ihm ist selbstverständlich, dass die angemessene Reaktion eines Gläubigen auf Zerstörung und Leid zunächst das Gebet ist. Er klagt im Angesicht Gottes über die unerträgliche Situation, und er reflektiert in Gottes Gegenwart die Möglichkeiten helfenden Handelns. Nach dem anhaltenden, intensiven Beten weiß Nehemia, was er zu tun hat:

(Ich) *sprach zum König* (der Perser)*: ,Gefällt es dem König und hat dein Knecht Gnade gefunden vor dir, so wollest du mich nach Juda reisen lassen, in die Stadt, wo meine Väter begraben sind, damit ich sie wieder aufbaue.'* *Nehemia, 2,5*

Und *»weil die gnädige Hand meines Gottes über mir war«*, wie es in Vers 8 heißt, durfte Nehemia nach Jerusalem ziehen.

Im Werk Marc Chagalls überwiegen Bildmotive persönlicher Schicksale und zwischenmenschlicher Beziehungen. Seine vorliegende Kohlezeichnung überrascht in ihrer politischen Dimension. Es geht um eine gesellschaftliche und religiöse Neuordnung in Juda und Jerusalem. Woher nehmen die Menschen den Mut für ein so gewaltiges Wiederaufbau- und Reformprogramm? Reichen dafür ihre Kräfte? Der betende Nehemia nimmt die Hälfte der Bildfläche ein. Damit bekennt der Künstler: Das unbeirrbare Vertrauen auf Gott, das unermüdliche Gebet ist die halbe Voraussetzung für das Gelingen eines so großen Vorhabens. Die andere Hälfte der Voraussetzung aber ist, dass Menschen bereit sind, sich einer solch gewaltigen Aufgabe zu stellen und - wie der in Politik und Verwaltung erfahrene Staatsbeamte Nehemia - ihre Begabungen und ihr Wissen, ihre Erfahrungen und ihr Vermögen in das Werk einzubringen. Auch in Politik und Gesellschaft werden Menschen gebraucht, die sich von Gott begeistern und berufen lassen, um Verantwortung zu übernehmen.

S.G.

Marc Chagall
Maler und Grafiker
*1887 in Witebsk (Weißrussland), †1985 in Saint- Paul de Vence (Südfrankreich)

Du hast meine Hände gefüllt
Aus der Folge: Poèmes.
Holzschnitt, 52 × 37 cm, 1968

Marc Chagall
Du hast meine Hände gefüllt

In der Mitte des Bildes ist ein Paar zu erkennen. Der Mann und die Frau sind nahe zusammengerückt, die Köpfe sind einander zugeneigt. Die Frau hält in ihrer rechten Hand eine brennende Kerze, der Mann fasst mit seiner Linken ein Buch. Dieses nicht mehr ganz junge Paar ist von Bildzeichen umgeben, die auf das Leben dieser Menschen hinweisen.

Der mit wenigen Linien angedeutete Gekreuzigte im linken oberen Bildteil scheint über dem Paar zu schweben. Er schaut auf die beiden Menschen herab und breitet seine Arme wie segnend über ihnen aus. Der Künstler betont, dass Jesus als Jude hingerichtet wurde: Der jüdische Gebetsschal mit seinen beiden schwarzen, eingewebten Streifen ist als Lendenschurz um seine Hüfte geschlungen. Die INRI-Tafel (IESUS NAZARENUS REX IUDORUM) über dem Kopf weist darauf hin, dass Jesus, der Nazarener, als König der Juden hingerichtet wurde. Er ist der Erwählte mit einem Glorienschein. Der leidende Gottesknecht (Jesaja 42,52f, Psalm 22) in der Person Jesu Christi ist ein häufiges Motiv im Werk Chagalls und kann als Bild für das verfolgte und leidende jüdische Volk gesehen werden.

Auch die aus Holz geschnitzte große Pendeluhr im rechten oberen Bildteil ist ein bis in sein hohes Alter verwendetes Motiv des Künstlers. Sein Schwiegervater besaß im Geburtsort Chagalls, in Witebsk, einen

Juwelierladen, an dessen Wänden viele Uhren hingen. Diese Erinnerung an seine Heimat wird in Chagalls Werk zum Symbol für die unfassbare, stetig dahinfließende Zeit, eine Mahnung an die Vergänglichkeit Lebens.

In niederländischen Stillleben des 17. Jahrhunderts weisen Sanduhren und ausgelöschte Kerzen auf die unaufhaltsam verrinnende Zeit und das verlöschende Leben hin. So kann man wohl auch auf diesem Holzschnitt die Kerze, welche die Frau in Händen trägt und schützend zwischen sich und den Mann hält, als Lebenslicht deuten. Das Lebenslicht ist gefährdet und ständig vom Verlöschen bedroht, es muss in seiner Schutzbedürftigkeit gehütet werden.

Es bleiben noch zu nennen der Halbmond, welcher einerseits auf kosmische Zusammenhänge hinweist, andererseits aber in seinem zu- und abnehmendem Rhythmus ebenfalls als Zeichen der Vergänglichkeit gilt, und das Buch in den Händen des Mannes. Das bedeutendste Buch im Leben Marc Chagalls war zweifellos die hebräische Bibel. Sie bestimmte als Richtschnur das jüdische Leben im Getto von Witebsk und prägte den jungen Marc. Auf sie bezog sich der Künstler auch in seinem Werk immer wieder. So darf das Buch in diesem Holzschnitt gewiss als Bibel gedeutet werden, die für das Leben dieser beiden Menschen die Grundlage bildet.

Das Leben des Mannes und der Frau auf diesem Bild ist eingespannt zwischen bürgerlicher Pendeluhr und dem Leiden des Gekreuzigten, zwischen dem Stundenschlag der Wanduhr und dem Schrei:

Mein Gott, mein Gott, warum hast du mich verlassen?
Matthäus 27,46

Sie leben im Spannungsfeld von irdischer Schönheit und fortschreitendem Verfall, zwischen treusorgender Liebe und drohendem Tod. Sie leben ihre durch den Mond gegliederten Tage mit dem Buch der Bücher in der Hand, das ihnen Grundlage und Richtschnur für ihr Leben ist.

Dieses Bild ist Teil einer Folge von 24 Holzschnitten zu Gedichten, welche Marc Chagall in den Jahren 1909 bis 1965 in russischer Sprache verfasst hatte. 1968 - der Künstler lebte inzwischen in Südfrankreich - erschienen die *Poèmes* auf Französisch. Das Gedicht, das zu dem hier abgedruckten Bild gehört, lautet in der französischen Fassung und in der deutschen Übersetzung:

Je suis ton fils
Sur terre qui marche à peine
Tu m'as rempli les mains
De couleurs, de pinceaux
Je ne sais pas comment te peindre

Faut- il peindre la terre, le ciel, mon coeur
Les villes en feu, les gens qui fuient
Mes yeux en pleurs
Où faut- il fuir, vers qui voler

Celui qui là- bas donn la vie
Celui qui envoie la mort
Peut- être fera- t- il
Que mon tableau s'illumine

Ich bin dein Sohn
Auf der Erde, der mühsam vorankommt
Du hast mir meine Hände gefüllt
Mit Farben und Pinseln
Ich weiß nicht, wie ich dich malen soll

Gilt es, die Erde zu malen, den Himmel, mein Herz?
Die Städte in Flammen, die fliehenden Menschen?
Meine Augen in Tränen?
Wohin fliehen, zu wem fliegen?

Der, welcher dort das Leben schenkt,
Der, welcher den Tod aussendet
Wird es vielleicht fügen
Dass mein Bild aufleuchtet

Marc Chagall schuf sein Lebenswerk unter den Augen Gottes, im Bewusstsein, dass seine Begabung, seine äußeren Lebensumstände, ja sein ganzes Leben Geschenke Gottes sind.

S.G.

Maria Hiszpanska-Neumann
Pojednanie (Versöhnung)

»Warum beschäftigt mich die Frage des Leidens, des Todes? – Weil ich ein Mensch meiner Zeit bin. Weil ich Polin bin. Weil ich den September 1939 in Warschau und dann vier Jahres meines Lebens im Gefängnis und im KZ verlebt habe. Weil ich als damals junge Frau sehr viel Leid und sehr viel Unmenschliches gesehen habe. Weil wir alle immer in einer Epoche leben, wo man nie ganz ruhig, nie ganz lebensfroh, nie ganz heiter werden kann.« So schrieb Maria Hiszpanska-Neumann gegen Ende ihres Lebens in einem Brief an einen Freund in Deutschland. Zierlich, zart und klein von Wuchs, gezeichnet von den Erlebnissen und Leiden während der jahrelangen Gefangenschaft in den KZ Ravensbrück und Neubrandenburg führte sie mit ihrem Mann und ihren zwei Kindern ein sehr einfaches und entbehrungsreiches, aber zufriedenes Familienleben im Nachkriegspolen. In den 1960er Jahren lernte ich sie und ihre Familie kennen und wir konnten uns bis zu ihrem Tod jedes Jahr einmal in Warschau treffen und austauschen. Das waren stets sehr intensiv erlebte Stunden.

Maria Hiszpanska-Neumann verfügte über eine höchst individuelle künstlerische Kreativität und verfolgte einen eigenen Weg, ihre Themen umzusetzen. Sicher ist das auch eine Folge ihrer Haftzeit, während der etwa 400 Bleistiftzeichnungen entstanden sind, die aber bis auf wenige, die sich heute im Archiv des Museums in Auschwitz befinden, nicht mehr auffindbar sind. Ihre

Maria Hiszpanska-Neumann
Grafikerin und Illustratorin
*1917 und †1980 in Warschau (Polen)
Pojednanie (Versöhnung)
Holzschnitt, 54,8 × 29,5 cm, 1961

Themen waren damals »*Lagerszenen, das schmachvolle Leben und die grausame Ausbeutung im Lager*«. Später beschäftigte sie sich fast nur noch mit wesentlichen Fragen menschlicher Existenz, mit Angst, Freude, Mutterschaft und mit vielen christlichen Themen, die ihr Leben prägten. Sie griff gern Probleme auf, die in der modernen Kunst sonst oft ignoriert werden. Sie war froh, wenn sie sich an einem Wettbewerb oder einer Ausschreibung, auch von Verlagen der damaligen DDR, beteiligen konnte oder wenn ihr eine kirchliche Stelle oder ein Kloster einen Auftrag zur Ausgestaltung einer Kirche erteilte, wobei sie gerne die mühselige und ihre Körperkräfte aufzehrende Arbeit auf sich nahm, in kalten Kirchenräumen auf hohen Gerüsten zu stehen und Glasmosaiken zu gestalten. Und dabei fiel ihr schon das mühevolle Andrucken ihrer Holzschnitte zunehmend schwer. Aber andere als kirchliche Aufträge, von denen sie hätte leben können, konnte sie unter den damals herrschenden politischen Verhältnissen in Polen nicht bekommen.

Der Holzschnitt *Pojednanie (Versöhnung)* entstand 1961. Der Holzschnitt hing, als ich sie kennenlernte, mahnend und erinnernd in ihrem Arbeitszimmer. Wie kann Versöhnung geschehen? Darüber dachte sie, die am Ende ihres Studiums in die brutale Auseinandersetzung zweier Völker geraten war, bis ans Ende ihres Lebens nach und dazu gab sie Anregung. Von Rache und Vergeltung war nie die Rede, wenn wir über ihre Erlebnisse sprachen. Auch nicht von Unterwerfung, wohl aber von einem neuen Anfang auf der Basis von Verständigung und Entgegenkommen. Sie hielt diesen Neuanfang immer für möglich. Das zeigt auch dieses

Bild. Die Frau ist als große, hagere Gestalt mit schmalem Gesicht und grosßen, tiefliegenden Augen gezeichnet. Sie steht nach vorn gebeugt. Ihren linken Arm hat sie auf die Schulter des knienden Mannes gelegt. Arm und Hand lassen das Skelett durchscheinen und deuten das Leid an, das sie erfahren musste. Vor ihr kniet ein Mann. Gebeugt, fast als wolle er bei ihr Schutz suchen, lehnt der Knieende seinen Kopf an ihre Brust. Die offene linke Hand, der klassische Redegestus, deutet an, dass er spricht. Er redet, gesteht und bittet um Vergebung. Der liebevolle Druck auf die Schulter ist die Antwort. So kann Versöhnung zwischen Menschen gelingen. Menschen gewinnen Halt aneinander.

Neun Jahre vor Willi Brandts Kniefall in Warschau am 7.Dezember 1970 schuf Maria Hiszpanska-Neumann dieses Bild in der Überzeugung einer bekennenden Christin. Das Bild war durchaus auch politisch gemeint und drückte ihre Sehnsucht aus nach einem besseren Verständnis der Menschen miteinander und insbesondere der Nachbarvölker Deutschland und Polen. Aber die drei Kreuze auf der linken Seite des Bildes lassen erkennen, dass sie wusste, auf welcher Grundlage diese Versöhnung einzig allein möglich sein würde, auf der Grundlage nämlich, »dass *Gott, der uns mit sich selber versöhnt hat durch Christus und uns das Amt gegeben hat, das die Versöhnung predigt: Lasst euch versöhnen mit Gott!*« (2. Korinther 5,18.20) Erst durch Versöhnung kann das dunkle Gefängnis des Hasses aufbrechen und den Blick freigeben auf einen lichten neuen Lebensraum, der vor uns liegt und den wir ohne Vorgaben neu gestalten dürfen.

A.J.

Josef Hegenbarth
Jesus wird am Kreuz erhöht und stirbt

Josef Hegenbarth stammte aus Böhmen, und dieser Heimat fühlte er sich Zeit seines Lebens eng verbunden. In schwierigen Zeiten während der beiden Weltkriege kehrte er dorthin besuchsweise zurück. Mit 21 Jahren zog er nach Dresden, um dort an der Kunstakademie zu studieren und behielt dort seinen Wohnsitz bis zu seinem Tod.

Hegenbarth begann seine künstlerische Tätigkeit mit Radierungen, widmete sich dann der Malerei, um schließlich in den 1920-er Jahren sein druckgrafisches Werk mit Lithographien zu beschließen. Seit den 1930-er Jahren war die Zeichnung Hegenbarths bevorzugtes Ausdrucksmittel. Zeichnete er zunächst mit der Feder, so benutzte er später zunehmend den Pinsel. *»Hegenbarth nahm einen Pinsel zur Hand. Seine Borsten wirkten wie abrasiert. Kaum noch ein schwarzer Flaum ragte über die Blechhülse hinaus. Er nannte ihn ‚abgeschrieben'. Die meisten seiner Pinsel waren in diesem Zustand, wohl nach jahrelangem täglichen Gebrauch. Er erklärte: die Blechhülse, tief eingetaucht, saugt sich mit Tusche voll, so dass man lange Linien ziehen kann, und zwar breite, wenn man den Pinsel flach aufsetzt; messerscharfe, wenn man eine Ecke der Hülse über das Papier kratzen lässt; schmale, wenn man die Hülse hochkant hält.«* (Joachim Menzhausen)

Josef Hegenbarth
Maler und Grafiker
*1884 in Böhmisch- Kamnitz, †1962 in Dresden
Jesus wird am Kreuz erhöht und stirbt
Pinselzeichnung, 48 × 35,2 cm, 1961

Der Mensch und das Tier waren die beiden wichtigsten Bildmotive Josef Hegenbarths, die er in einer reichen Fülle von Mappenwerken und Buchillustrationen ausgeführt hat. Er hat die großen Werke der Weltliteratur zeichnend gedeutet. Schon früh beschäftigten den Künstler biblische Themen, von ersten Zeichnungen bis zum Spätwerk. 1950 veröffentlichte er 27 Pinselzeichnungen zum Markus-Evangelium und 1960 41 Zeichnungen zum Alten und Neuen Testament.

Im Sommer 1961 erhielt Josef Hegenbarth den Auftrag, für die wiederhergestellte St.-Hedwigs-Kathedrale in Berlin vierzehn Kreuzwegstationen zu gestalten. Zu der Zeit war er bereits 77 Jahre alt, und er zögerte, den Auftrag anzunehmen, glaubte er doch, die Kraft nicht mehr zu besitzen, um dem Anspruch des Themas gerecht zu werden. Als er schließlich den Auftraggebern nach mehreren Wochen zusagte, hatte er die ihn bedrängende Aufgabe bereits bewältigt, und er brauchte nur noch einzelne Blätter zu wiederholen und zu steigern. Es war das letzte große Werk des überzeugten Katholiken.

Die Kreuzwegstationen in der St.-Hedwigs-Kathedrale sind Pinselzeichnungen. Alle sind 48 cm hoch und zwischen 28 und 35 cm breit. Die Zeichnungen leben von der Spannung zwischen Hell und Dunkel, Deutlich und Verschwommen, Hart und Weich, Groß und Klein, Fein und Grob, Nah- und Fernsicht. Die Zuordnung dieser Gegensätze erzeugt eine Dynamik, welche die einzelnen Blätter in eine dramatische Bewegung versetzt, welcher sich die Betrachtenden schwer entziehen können.

Wir sehen hier die zwölfte Station des seit dem Mittelalter überlieferten Kreuzweges mit dem Titel: *Jesus wird am Kreuz erhöht und stirbt.* Hegenbarth aktualisiert das Geschehen und versetzt es in seine Gegenwart. Frisuren, Kopfbedeckungen und Kleidung weisen auf Menschen des 20. Jahrhunderts.

Das Kreuz, an dem Jesus mit ausgebreiteten Armen hängt, ragt hoch auf. Es steht nicht senkrecht sondern neigt sich leicht in eine Schräglage, so dass der rechte Arm Jesu vom Bildrand beschnitten wird. Die Situation kippt aus der festgefügten Ordnung.

Die linke Körperseite des mit einem angedeuteten Lendentuch bekleideten Gekreuzigten ist mit feinen Linien begrenzt und wirkt, als sei sie von einem starken Licht beschienen. Die rechte Körperseite ist mit dunklen, groben Pinselstrichen als im Schatten liegend markiert. Jesus wendet sein Gesicht mit geschlossenen Augen nach oben.

Unter den ans Kreuz genagelten Armen erkennt man die Menge der Umstehenden, die mit feinem Strich angedeutet sind. Gesten und Mimik der Männer und Frauen weisen auf ihre innere Beteiligung. Die Männer mit ihren steifen Hüten über ernsten Gesichtern bleiben beobachtend distanziert, während die Frauen ihre Gefühle zeigen: Schmerz bei der Frau links vom Kreuz im Vordergrund, Trauer bei der Frau im rechten Hintergrund, die ihr Gesicht in den Händen birgt, und freudige Genugtuung bei der Frau am rechten Bildrand.

Eine Person im Vordergrund hat der Künstler aus der Menge hervorgehoben und dabei wohl an Maria von Magdala gedacht (Johannes 19,25). Die Frau umfasst die Beine Jesu, der hoch über ihr am Kreuz hängt. Sie hebt ihr Gesicht zu ihm empor und hat den Mund klagend geöffnet. Die dunkle Körperlinie Jesu setzt sich fort im Bogen, welchen Arm, Schulter und Haar der Frau bilden, so dass die Klagende fest an den sterbenden Jesus gebunden wird. Inniger kann die Liebe und Nähe dieser Frau nicht ausgedrückt werden. Der Künstler hat das Geschehen ganz nah an uns herangerückt. Wir sind Zeugen vom Schmerz einer Liebenden, von der Klage über den Tod, der allen Hoffnungen ein Ende zu setzen scheint. Maria von Magdala ahnt nicht, dass ihr drei Tage später der geliebte Rabbuni als Auferstandener begegnen wird (Johannes 20,11-18).

S.G.

Roland Peter Litzenburger
Maler, Grafiker und Bildhauer
*1917 in Ludwigshafen, †1987 in Markdorf/Bodensee

Aussendung des Abraham
Federzeichnung, 36 × 25 cm, 1964

Roland Peter Litzenburger
Aussendung des Abraham

Was wir vor uns sehen, ist ein Bild, das deutlich in zwei Hälften geteilt ist. Links, schon in der Ferne, liegt eine Stadt. Die rechte Bildhälfte wird dagegen ausgefüllt durch die hochaufragende Gestalt eines Wanderers, die sich aus dem Bild hinauswendet. Nicht eine einzige Straße oder wenigstens ein Pfad führen hinüber und herüber, nur ein paar Fäden hängen leicht und locker in der Luft. Wir können nur ahnen, dass der Wanderer aus dieser Stadt kommt und alles hinter sich gelassen hat, was ihn mit dieser Stadt verbindet.

Der Bildaufbau ist Teil der Botschaft des Künstlers. Er unternimmt es darzustellen, wie Abraham aus dem Glauben lebt (Römer 4,16).

Und der Herr sprach zu Abraham: Geh aus deinem Vaterland und von deiner Verwandtschaft und aus deines Vaters Hause in ein Land, das ich dir zeigen will. Und Ich will dich zum großen Volk machen und will dich segnen und dir einen großen Namen machen, und du sollst ein Segen sein.

1.Mose 12,1.2

Litzenburger gelingt es, die wichtigste Lebensentscheidung Abrahams auf den entscheidenden Punkt zu verdichten. Da liegt die Stadt - Haran - , der Lebensraum seiner Väter und seiner Herkunftsfamilie. Der hohe Turm weist sie als eine bedeutsame Stadt in der Hochkultur des Zweistromlandes aus. Doch nun wird Abraham seine Lebensweise radikal verändern: Zelte statt Steinbauten, Einsamkeit statt Geselligkeit, einfaches Leben statt Luxus, die Gefahren des offenen Landes statt der Geborgenheit am heimischen Herd, Neuland statt bekanntem Terrain. Unterwegs sein als Kulturschock! Die Stadt verschwindet langsam im Horizont. Bindungen brechen. Federleichte Striche deuten an, wie sie in sich zusammenfallen. Kontaktversuche gehen ins Leere. Kontakte, die man nicht pflegt und nicht mehr pflegen kann, enden, oft unter Schmerzen. Aber es führt kein Weg zurück!

Die linke Bildhälfte gehört ganz der Vergangenheit. Von dort kommt der Wanderer und in seinem Herzen wird er nie ganz davon loskommen. So radikal die Aufforderung Gottes an Abraham auch ist, aus Vaterland, Verwandtschaft und Vaterhaus auszuziehen, alles hinter sich zu lassen und in eine neue Zukunft zu investieren, viele Erinnerungen wird Abraham mitnehmen. Erinnerungen und Wertvorstellungen bleiben ihm als wertvoller Besitz, als Maßstab und als sittliche Grundlage seines Gewissens. Unsere Vergangenheit ist immer ein Teil unserer Geschichte und wie wir damit umgehen, ist entscheidend dafür, wie wir leben.

Wir wissen nicht, ob es einen aktuellen Grund für diesen Befehl zum Aufbruch gab. Streitigkeiten scheinen es nicht zu sein. Das würde zwar den Auszug als eine Art von Davonlaufen einsichtig machen, aber die radikale Herauslösung aus allen natürlichen Verwurzelungen, mit der die aufregende Geschichte Abrahams in der Bibel beginnt, müssten wir unter reiner Zweckmässigkeit und nicht mehr als den beispiellosen Akt des Glaubens, als Folge widriger Umstände und nicht als Vertrauen auf Gott.

So frei und offen die Stadt in der Ferne liegt, so dicht zeichnet Litzenburger die rechte Seite des Bildes. Als liefe Abraham gegen eine Mauer! Da steht er, seine tatkräftige Hand umfasst den Wanderstab, seine Augen sind weit offen, seine Gesichtszüge gespannt. Er wirkt entschlossen, er wirft keinen Blick zurück, aber vor ihm ist es dunkel, absolut dunkel! Vor ihm liegt nicht eine wunderbare Perspektive idyllisch im Sonnenlicht, sondern bereits unmittelbar vor ihm beginnt das Wagnis des Vertrauens. Schon der nächste Schritt ist Risiko.

Mich erinnert der Bildaufbau an Grundregeln in meinem Fotografielehrbuch: *»Wenn Sie eine Person fotografieren, die durch das Bild geht, lautet die Regel, dass man vor ihr mehr Platz lassen sollte als hinter ihr, so dass Raum für die Bewegung bleibt. Sie können aber auch spannungsreiche Bilder machen, die in genau entgegengesetzter Weise zusammengestellt sind, wobei sich die Person aus dem Rahmen bewegt. Sehen Sie* *sorgfältig hin, denken Sie an das, was Sie aussagen möchten.«*

Was will der Künstler aussagen, wenn er also von der Grundregel abweicht und damit ein »spannungsreiches Bild« schafft? Diese Geschichte ist am Bildrand nicht zu Ende, eigentlich beginnt sie erst dort! Aber die Sicht auf die weitere Entwicklung, wie sie die Bibel erzählt und wie sie uns deshalb vertraut ist, bleibt Abraham selbst verstellt. Da ist gar kein Raum für »eine Bewegung nach vorn« erkennbar. Abraham bleibt trotzdem nicht stehen, sein abgewinkeltes Bein zeigt, dass er vorwärts geht und seinen nächsten Schritt in die Zukunft setzt. »Geh« lautet der Befehl. Und er setzt Fuß vor Fuß, mit den hellen, wachen Augen den Horizont abtastend. Kein Klagelaut, allerdings auch kein Freudenschrei kommt ihm über die Lippen. Abraham bleibt realistisch. Er kennt das Risiko eines Lebens auf der Wanderschaft. Er hat nur eine Zukunft mit Gott und er lässt sich darauf ein.

Was heißt das: aus dem Glauben leben? Dafür ist Abraham ein Beispiel und sein Vorbild durchzieht das Alte wie das Neue Testament. Abraham war kein Glaubensheld ohne Niederlagen, ohne Versagen, ohne Fehler und ohne Dummheiten. So entschieden war sein Gang auch nicht immer. Mühevolles Weiterschleppen von einem Lagerplatz zum andern gehörte zu seinem Leben und es hat viele Situationen gegeben, in denen er Gott überhaupt nicht verstand. Aber sein Blick war immer nach vorn gerichtet. Wichtiger als sein Wanderstab war der Antrieb der Verheißung. Diese Verheißung stützt ihn und trägt ihn vorwärts. *»Glauben bedeutet nicht, fertige Antworten zu haben, von glatten*

Lösungen zu wissen. Glauben ist nach der Bibel ein Sich-festmachen, heißt Stand-fassen in Jahwe. ER stützt. ER gibt die Richtung an« (Josef Bill).

Es geht bei Gott nicht um die »schönen Momente«, sondern um eine Lebensstrategie, die trägt, auch in den dunklen Zeiten, selbst dann, wenn wir an den Rand gedrängt werden. Nichts im Leben war bei Abraham Zufall, Schicksal, Glück oder Pech. Abraham hat auf Gott gehört, er hat ihn erfahren und sich an ihn gebunden, um von anderen Bindungen frei zu werden. Ein Leben im Glauben kann, wir sehen das bei Abraham, bedeuten, auf sein Geheiß alle Zelte abzubauen und zu gehen.

Ich sagte zu dem Engel,
der an der Pforte des neuen Jahres stand:
Gib mir ein Licht,
damit ich sicheren Fußes
der Ungewissheit entgegen gehen kann!
Aber er antwortet:
Gehe nur hin in die Dunkelheit
und lege deine Hand in die Hand Gottes!
Das ist besser als ein Licht
und sicherer als ein bekannter Weg! *Aus China*

A.J.

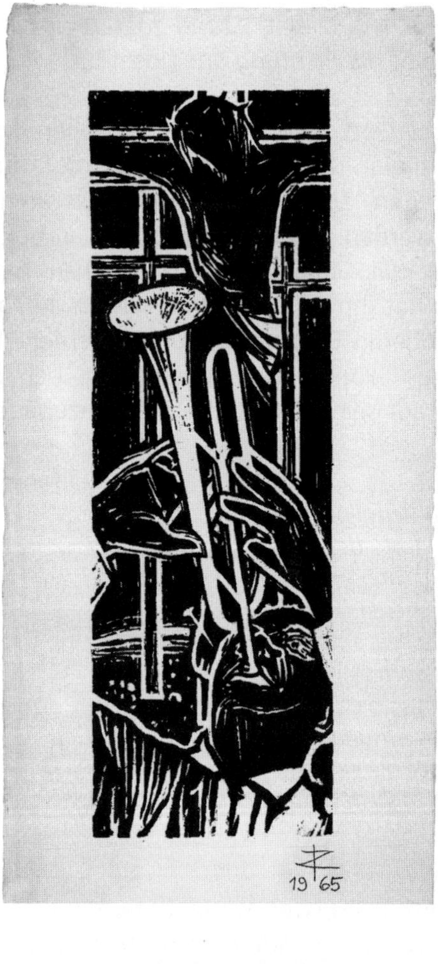

Werner Knauer
Maler und Grafiker
*1926 in Neudörfel/Sachsen, †1989 in Aue/Sachsen
Für Christus
Siebdruck, 20,5 × 7 cm, 1965

Werner Knauer
Für Christus

Werner Knauer wurde 1926 im Erzgebirge geboren. Er arbeitete zunächst als Werbe- und Gebrauchsgrafiker, dann als freier Künstler. 1961 wurde er aus der Künstlervereinigung der DDR ausgeschlossen, *»weil er seine Kunst nicht in ein sozialistisches Schema pressen ließ«* (Vorbemerkung zu einem Kalender mit Werken Werner Knauers für das Jahr 1997). In der Folgezeit prägte Knauer wie kein anderer das Bild der bildenden Kunst der Evangelisch-methodistischen Kirche in der DDR. In vielen Kirchen Ostdeutschlands finden sich Kunstwerke von ihm.

Für Christus hat Werner Knauer seinen Holzschnitt genannt. Das Erste, was bei der Betrachtung vermutlich auffällt, ist der Gegensatz zwischen der erhobenen Trompete und dem geneigten Kopf des Gekreuzigten; dazu das strahlende Weiß des Instrumentes gegenüber der dunklen Konturlosigkeit des Gesichtes im Hintergrund. Noch weiter hinten stehen zwei leere Kreuze. Sie markieren eine Art rechtwinkliges Raster. Aus der senkrechten Achse ist die Trompete etwas herausgekippt. Hier fällt etwas aus dem Rahmen – wie ja auch der Kopf des gekreuzigten Jesus sich nicht einpaßt in dieses Raster und das Kreuz, an dem er hängt, aus der Mittelachse etwas nach rechts verschoben ist.

Vieles passt hier nicht ins vorgegebene Schema: Jesus wird gekreuzigt; die anderen Kreuze bleiben leer. Einer spielt Trompete, wo doch angesichts des Sterbens Stille angemessener erscheint. Nicht von ungefähr hatten in der Kirchenmusik früherer Jahrhunderte die Trompeten während der Passionszeit zu schweigen. Ein Ausschnitt wird uns mitgeteilt, einzig das Instrument ist komplett, alles andere – der Gekreuzigte, die Kreuze, der Trompetenspieler – werden vom Bildrand beschnitten. Es ist, als ob das Dargestellte den Rahmen sprengte. Und so ist es auch.

Aber es gibt auch Entsprechungen: Die Armbeuge des Gekreuzigten findet sich in der Windung der Trompete wieder, das geneigte Haupt Jesu im Arm des Trompeters. Beides ist aufs Engste aufeinander bezogen. Und noch mehr: Das schmale Hochformat betont die Senkrechte. Das Spiel des Trompeters ist die Antwort aus »*menschlicher Tiefe*« (Psalm 130) auf das Handeln dessen, der »*sich selbst erniedrigte bis zum Tod, ja zum Tod am Kreuz*« (Philipper 2,8).

Für Christus, für den Gekreuzigten spielt der Trompeter seine Musik. Nur für ihn. Locker liegen die Hände des Musikers auf dem Instrument. Sein Blick ist nach oben gerichtet. Zum Kreuz? Zum Himmel? Wie auch immer – erhobenen Blickes spielt er. Er kann den Kopf heben, weil Jesus seinen Kopf im Tod geneigt hat mit dem Ausruf:

Es ist vollbracht *Johannes 19,30*

Charles Wesley hat in seinem Gedicht *Still for thy loving kindness, Lord* an einer Stelle so formuliert:

...to feel the virtue of thy blood, and spread its praise below.
Charles Wesley 1740

Ins Deutsche frei übertragen:

Ich fühle, wie dein Kreuzestod mein Herz zum Lob befreit.
Gesangbuch der EmK 2002, Lied Nr. 433,3

Werner Knauer dürfte diese Zeilen nicht gekannt haben, als er 1965 seinen Holzschnitt schuf. Gleichwohl haben hier Wesleys Verse ihren bildnerischen Ausdruck gefunden.

H.H.

Hans- Georg Anniès
Grafiker und Bildhauer
*1930 in Liebenfelde/Ostpreußen, lebt in Moritzburg
Zwei beten an
Aus der Trilogie »Niemand hört«
Holzschnitt, 44 × 31 cm, 1965/66

Hans Georg Anniès
Zwei beten an

Als dieser Holzschnitt 1965/66 entstand, war Europa in zwei machtpolitische Blöcke geteilt, deren Grenze quer durch Deutschland verlief. Hans Georg Anniès wohnte damals als freischaffender Künstler in Moritzburg. Seine Zeichnungen, Grafiken und Skulpturen wurden vor allem im Bereich der Kunsterziehung und der katechetischen Arbeit geschätzt. In Westdeutschland wurde Anniès in den 1970-er Jahren bekannt durch das Bildmaterial für die Gemeindearbeit, welches das Gemeindejugendwerk des Bundes Evangelisch-Freikirchlicher Gemeinden anbot. Die künstlerischen Ausdrucksformen von Hans Georg Anniès haben sich entwickelt von einer Kunst, die Äußeres abbildet, zu einer Gestaltung, die innere Vorgänge sichtbar macht, wobei der Künstler die Formen immer stärker auf das Wesentliche reduziert.

In diesem Holzschnitt der Triologie »Niemand hört« hat der Künstler die Botschaft des Evangeliums zu einem Zeichen verdichtet, das Betrachtende, die mit der Bibel vertraut sind, leicht lesen können. In der Mitte des Bildes, in einem kleinen Viereck liegt ein Kind mit ausgestreckten Armen und Beinen wie auf ein Kreuz gelegt. Es ist in ein helles Feld gebettet, die Hände und Füße sind durchbohrt. Wir assoziieren leicht mit diesem Kind die biblischen Inhalte: Die Mitte unserer Welt ist Jesus Christus als das Kind in der Krippe, das als erwachsener Mann mit durchbohrten Händen und Füßen am Kreuz hängt. Auch das leere Grab können wir in dem hellen

Viereck erkennen, so dass die Grundlagen des christlichen Glaubens wie in einem Bekenntnis sichtbar werden: die Menschwerdung Gottes in einem hilflosen Kind, die Versöhnung Gottes mit den Menschen am Kreuz von Golgota und die Überwindung des Todes zu einem neuen Leben in der Herrlichkeit Gottes.

Offenbar liegt das Kind auf dem Erdboden. Klein und schutzlos ist es den Menschen ausgeliefert, deren Füße es umstellen. Erschrocken möchte ich ausrufen: Vorsicht, hier liegt ein Kind! Tretet nicht darauf! Wer hat es dort platziert? Das Kind liegt doch im Weg! Es stört die Menschen beim Gehen, die Leute müssen ihre Bewegungsrichtung ändern. So ist es mit diesem Kind, zu dem sich Gott als seinem Sohn bekennt: Es stört die üblichen Abläufe in der Gesellschaft, es beunruhigt die Entscheidungen der Mächtigen, es liegt quer zu unserem Denken.

Einerseits ist das Kind als Säugling schutzbedürftig, andererseits aber hat es eine starke Ausstrahlung, die ihm die Autorität eines Erwachsenen verleiht. Es streckt seine Hände über die Begrenzung des Vierecks hinaus, als wolle es Kontakt aufnehmen zu den Menschen, die an ihm vorüber eilen. Es ist, als würde der Boden, auf dem das Kind liegt, zum Leuchten gebracht, ein Leuchten, das auch den umgebenden Raum erhellt. Was sind das für Menschen, die vorübergehen? Wir sehen nur die Schuhe, welche das Kind umstellen: grobe Arbeits- oder Militärstiefel, elegante, spitz zulaufende Herrenhalbschuhe, Damenpumps mit extrem hohen Absätzen, die unbekleideten langen Zehen eines Erwachsenen und die nackten Füßchen eines Kindes.

Fast alle Schuhe sind seitwärts gestellt, was auf ein Vorübergehen schließen lässt. Wohin gehen die Menschen? Was ist ihr Ziel? Sie scheinen keine Gemeinschaft zu bilden, denn es läuft einer hinter dem anderen her. Es ist, als liefen sie im Kreis wie Gefangene beim Ausgang im Gefängnishof.

Der Titel, den Hans Georg Anniès dem Bild gegeben hat, erscheint auf den ersten Blick als ein Rätsel. Er lautet: *Zwei beten an*. Wie oft habe ich das Bild angeschaut auf der Suche nach den beiden Menschen, welche anbeten! Da entdeckte ich die nackten Füße am linken Bildrand und die eleganten Schuhe in der Mitte des rechten Bildrandes, die nebeneinanderstehen, als hielten sie inne in ihrer Bewegung. Stehenbleiben; hinschauen; wahrnehmen, was geschieht; sich auf die Botschaft einlassen; die Bewegungsrichtung verändern - das sind die Voraussetzungen für die Haltung der Anbetung.

Von zwölf Menschen halten nur zwei inne, um das Kind auf dem Erdboden anzuschauen. Ist es die Erfahrung des Atheismus in der DDR, welche den Künstler zu diesem Zahlenverhältnis kommen lässt? Oder ist es die allgemeine Gleichgültigkeit einer säkularen Gesellschaft, in der nur eine kleine Minderheit die Provokation der Menschwerdung Gottes in einem hilflosen Säugling wahrnimmt?

Er kam in sein Eigentum; und die Seinen nahmen ihn nicht auf. Wie viele ihn aber aufnahmen, denen gab er Macht, Gottes Kinder zu werden. *Johannes 1,11.12*

S.G.

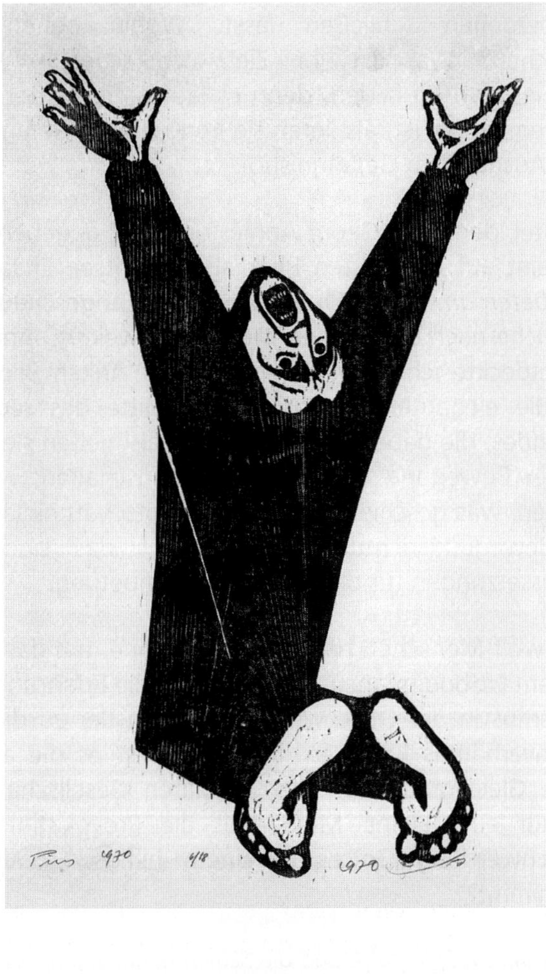

Jacob Pins
Grafiker und Maler
*1917 in Höxter/Westfalen, lebt in Jerusalem (Israel)
The Shriek (Aufschrei)
Holzschnitt, 106 × 65 cm, 1970

Jacob Pins
The Shriek (Aufschrei)

Als mir angst war, rief ich den Herrn an und schrie zu meinem Gott. *Psalm 18,7*

Kniend, mit hoch erhobenen Armen und offenen Händen, den Kopf weit nach hinten zurückgeworfen, schreit der angsterfüllte und verzweifelte Mensch seine Not heraus. Dieser Mensch weiß einfach nicht mehr weiter. Er kniet: ein Zeichen der Hingebung und Unterwerfung. Die Arme ausgestreckt: ein Zeichen der Kraft und des Lebens. Hier mischt sich Hoffnungslosigkeit mit Lebensangst, Zweifel an Gottes Macht mit Verlassenheit, Protest mit dem Gefühl der Abhängigkeit, Wut mit Ohnmacht, Verzweiflung mit dem Schrei nach Leben. Um ihn ist Leere, aber der Mensch weiß von einem Gegenüber, sein Aufschrei ist nicht ziellos. Sein Schrei wird zum Gebet und die ausgebreiteten Arme scheinen die Hilfe ergreifen zu wollen:

Herr, höre meine Worte, merke auf mein Reden! Vernimm mein Schreien, mein König und mein Gott; denn ich will zu dir beten. *Psalm 5,2.3*

Lassen wir eine Weile und immer wieder das Bild auf uns wirken. Der Gesamteindruck wird noch verstärkt, wenn wir bedenken, dass das Original dieses Holzschnittes über einen Meter hoch ist. Das allein schon zeigt, dass dieser Holzschnitt ein in mancherlei Hinsicht außergewöhnliches Bild ist, auch im Rahmen des umfangreichen Werks des Künstlers.

Jacob Pins konnte 1936, damals noch Schüler, aus Deutschland fliehen, seine Familie kam im KZ ums Leben. Er schaffte es, sich nach Palästina durchzuschlagen, wo er seitdem beheimatet ist. Unverkennbar sind in seinem Werk die Wurzeln, die im europäischen Expressionismus liegen. Jakob Steinhardt, der etwa zur gleichen Zeit als Flüchtling aus Berlin nach Palästina gekommen war, wurde in Jerusalem von 1941-1945 sein erster Holzschnitt-Lehrer. Er führte ihn ein in jüdische Tradition und Geschichte, in die geistigen Strömungen dieser Zeit, aber auch in die europäische Kunstgeschichte, von deren Entwicklung beide zunächst abgeschnitten waren.

Der Holzschnitt kam seinem künstlerischen Ausdruckswillen sehr entgegen. Er passte zum strengen künstlerischen Stil und zu der Disziplin, die er sich auferlegt hatte, wie auch zu seiner miserablen finanziellen Lage in jener Zeit in Israel. Jedes Stück Holz, das er auf Müllhalden, in Werkstätten oder im Haushalt fand, benutzte der Künstler als Druckstock und die Form des gefundenen Holzstücks bestimmte oft den Bildaufbau. Unter einfachsten Verhältnissen entwickelte er sich so zu einem Großen seiner Kunst, der nicht nur in Israel, wo er lebt und arbeitet, Anerkennung fand, sondern auch im internationalen Kunstschaffen. Meine Begegnungen mit ihm in den letzten 25 Jahren, immer wieder in seiner Wohnung in Jerusalem inmitten seiner Bilder und seiner Kunstsammlung, waren für mich glückliche, anregende Erlebnisse.

Jakob Pins schuf diesen Holzschnitt 1970. In den Werkverzeichnissen ist der hebräische Titel des Blatts mal mit *The Cry – Der Schrei*, mit *The Wail – Die Klage* (»Wailing Wall« nennt man auf englisch die Klagemauer), oder mit *The Shriek – Aufschrei* übersetzt. Der Titel *The Shriek - Aufschrei* ist der von Pins selbst für die Verwendung in unserem Gesangbuch gewünschte Titel. Der Titel und das Bild selbst erinnern an ein anderes Bild des europäischen Expressionismus: Edvard Munchs *Shriek – Der Schrei*. Hier wie dort versinnbildlicht der weit aufgerissene Mund jenen schrillen Schrei der Verzweiflung und der Angst, durch den der Rufer alle Welt auf das schreiende Unrecht aufmerksam machen möchte und mit dem der Rufer Gott zum Eingreifen zwingen will, getreu der Verheißung des Psalmensängers:

Der Herr ist nahe allen, die ihn anrufen, allen, die ihn ernstlich anrufen. Er tut, was die Gottesfürchtigen begehren, und hört ihr Schreien und hilft ihnen.

Psalm 145,18.19

A.J.

Henry Büttner
Illustrator und Karikaturist
*1928 in Chemnitz/Wittgensdorf, wo er auch heute lebt
Sie wollten ihn hören
Tuschzeichnung, 13,5 × 8,2 cm, 1979

Henry Büttner
Sie wollten ihn hören

Es begab sich aber, als sich die Menge zu ihm drängte, um das Wort Gottes zu hören, da stand er am See Genezareth.
Lukas 5,1

Unterdessen kamen einige tausend Menschen zusammen, sodass sie sich untereinander traten. *Lukas 12,1*

Die Evangelische Hauptbibelgesellschaft in der DDR hat 1979 das Wagnis unternommen, den »Humorzeichner« Henry Büttner aufzufordern, für eine Ausgabe des Lukas- Evangeliums Zeichnungen in seinem charakteristischen Zeichenstil anzufertigen. Die Textstellen sollte er selbst auswählen. Seit 25 Jahren war Büttner als scharfsinniger Karikaturist bekannt und in breiten Kreisen sehr beliebt. Er arbeitete zu der Zeit für zehn Tageszeitungen und Zeitschriften und auch in mancher Buchpublikation erschienen seine unverwechselbaren Zeichnungen. Es war darum eine treffliche Idee des Verlags, den leichten *büttnerischen* populären Stil in dieses Bibelprojekt einzubinden.

Das Bild des vor einigen Tausenden predigenden Jesus gehört zu dieser kleinen Serie biblischer Bilder, aber es ist nicht nur eine Textillustration, sondern es fängt gerade als Einzelblatt in konzentrierter Dichte ein Wesensmerkmal Jesu ein, seine Bereitschaft zu Lehre und zum Dialog. Büttner sagte einmal in einem Interview: *»Als Illustrator darf ich die Gegebenheiten aus dem jeweiligen Prosatext nicht einfach* *nachzeichnen, sondern ich muss etwas Eigenes im Ausdruck finden, damit das 'Bild' auch für sich bestehen kann, als Kunstwerk. Ich möchte sagen, dass nicht allzu viel in Frage käme. Wenn ich schon so etwas mache, dann müsste es etwas Besonderes sein, etwas, das Anspruch stellt.«* Mit diesem hohen Anspruch ging er auch bei dieser Auftragsarbeit ans Werk. Büttner hatte sich das Zeichnen selbst angeeignet. Er zeichnet mit der linken Hand.

Als erstes fällt die gedrängte Bildkomposition im unteren Bildbereich auf: Jesus steht inmitten vieler Menschen. Sie umgeben ihn auf allen Seiten, manche unter ihm, manche neben ihm und einige sogar fast in gleicher Augenhöhe. Er tritt ihnen nicht gegenüber, sondern ist mitten unter ihnen und kommt ihnen ganz nahe. Er ist einer von ihnen und doch ist er anders: Die göttliche Autorität, mit der Jesus zu ihnen spricht, wird durch die Erhöhung seiner Person deutlich. Er ragt in den Himmel hinein, so weit, dass er an den oberen Bildrand stößt und kurz davor ist, ihn zu durchbrechen. Die Menge umgibt Jesus wie ein nach rechts hochgezogener Bogen, so dass ein Kreis ausgespart wird, in dem Jesus allein steht. Wie ein Lichtkranz umgibt die kreisförmige Helligkeit Jesus. Lehrend und werbend streckt Jesus den Menschen seine Arme und Hände entgegen. Er predigt ihnen das Evangelium, er äussert sich zu ihrer Lebenssituation, er zeigt ihnen einen neuen Weg. Er verspricht ihnen nicht das Blaue vom Himmel, wohl aber den Himmel: *»Selig seid ihr ...«* Blicke und Gesten sind in den Arbeiten Henry Büttners sehr wichtig. Der ausgestreckte Finger seiner rechten Hand zeigt Jesus als den Lehrer und schafft dazu eine direkte Verbindungslinie zu jedem einzelnen, den er anspricht. Da gibt es kein Ausweichen.

Die Gesichter der vielen Menschen wirken angestrengt und konzentriert. *Sie wollten ihn hören* - das ist auch unser Eindruck, wenn wir das Bild ansehen. Skeptische Blicke, reserviertes Verhalten, Betroffenheit, auch Ablehnung und Wegsehen, ganz wie im richtigen Leben. Das ist hier bei Jesus nicht anders. Die Berichte der Evangelisten verschweigen das nicht.

Aber die Menschen bleiben lange stehen und sind fasziniert von diesem Jesus, der unter freiem Himmel mit ihnen spricht. Was Jesus zu sagen hat und wie er es tut, das ist für sie neu. Er erreicht die Menschen, indem er zu ihnen geht, auf sie zu geht und mit ihnen in einfachen Worten und Bildgeschichten, den Gleichnissen, die sie verstehen, redet. Hören wollen Ihn viele, wie es die beiden Textstellen aus dem Lukas- Evangelium zeigen, zu denen Büttner sein Bild schuf. Umkehren und Nachfolgen setzt aber eine Entscheidung voraus, auch den Mut, sich aus der Menge zu lösen und anzufangen, das Evangelium zu leben und weiter zu tragen.

A.J.

Joachim Schuster
Grafiker und Bildhauer
*1931 in Leipzig, †1998 in Baldham bei München
Der Gute Hirte und das verlorene Schaf
Holzschnitt, 37 × 17 cm, 1982

Joachim Schuster
Der Gute Hirte und das verlorene Schaf

Das Bild lebt von seinen Widersprüchen. Statische Gesetzmäßigkeiten hat der Künstler völlig ausser acht gelassen. Weder kann sich ein Mensch so mit den Beinen abstemmen und mit dem Oberkörper über eine Mauer schwingen, noch wäre er in der Lage, das Schaf in dieser Position hochzuziehen und zu retten. Dabei merkt man dem Retter die Anspannung nicht einmal an, sein Gesicht wirkt ruhig und gelassen. Seine Arme sind lang ausgestreckt und sorgsam greifen die großen Hände ins Fell des Tieres.

Diese Widersprüche sind kein Zufall. Sie sind Teil des Kunstwerks und spiegeln die Angriffsflächen wider, die in der biblischen Geschichte stecken.

Er aber sagte zu ihnen dies Gleichnis und sprach: Welcher Mensch ist unter euch, der hundert Schafe hat und, wenn er eins von ihnen verliert, nicht die neunundneunzig in der Wüste lässt und geht dem verlorenen nach, bis er's findet? Und wenn er's gefunden hat, so legt er sich's auf die Schultern voller Freude. Und wenn er heimkommt, ruft er seine Freunde und Nachbarn und spricht zu ihnen: Freut euch mit mir; denn ich habe mein Schaf gefunden, das verloren war. Ich sage euch: So wird auch Freude im Himmel sein über einen Sünder, der Buße tut, mehr als über neunundneunzig Gerechte, die der Buße nicht bedürfen. *Lukas 15,4-7*

Joachim Schuster war ein heiterer Mensch, sein Witz durchdringt seine Bilder und Figuren. Eine Geschichte wie die vom Guten Hirten und dem verlorenen Schaf musste ihn als Künstler, der biblische Geschichten immer mit großer Fantasie hörte und verarbeitete, geradezu herausfordern. Während sich viele an der Tatsache reiben, dass der Gute Hirte neunundneunzig andere Schafe zurücklässt, um dem einen nachzugehen, spürt Schuster auf, mit welcher Liebe, Hingabe und Fantasie der Gute Hirte nach dem einen Schaf sucht und wie er es rettet. Überlegungen zur Verhältnismäßigkeit halten ihn nicht auf. Was richtig ist, muss getan werden. Rettung ist angesagt! Und ihm gelingt das schier Unmögliche. Das Schaf ist in dem Moment gerettet, als der Gute Hirte über die Mauer weg nach ihm greift. Der dankbare Blick - von Auge zu Auge - ist der Höhepunkt der Geschichte. Freudig erregt leckt das Schaf den Arm des Retters, Ausdruck größter Zufriedenheit und Erleichterung.

So ist Gott und so sieht die Freude von Retter und Gerettetem aus. Da setzen menschliches Denken, logische Einwände und Naturgesetze aus. Gottes Liebe lässt sich nicht in unsere menschlichen Systeme einordnen. Ich glaube, wir werden einmal gewaltig umdenken müssen, wenn wir uns der Paradoxie des Himmels aussetzen. Vielleicht wollte Schuster uns in dieser Richtung Anschauungsunterricht geben, wenn er die Geschichte nicht als eine romantische Wüstenidylle darstellt, sondern als ein Ereignis, das völlig unseren eigenen, gewohnten Rahmen sprengt.

Hinter diesem Bild erscheint noch ein anderes Bildwort:

Mit meinem Gott kann ich über Mauern springen.

Psalm 18,30

Im Vertrauen auf Gott wird auch uns das Unmögliche möglich. Gott macht frei zu neuen Aufgaben, das heißt, wir können einfach mehr tun, uns weiter hinaus wagen, uns selbst überwinden. Er hält uns fest in der Hand und setzt damit unsere eigene Statik außer Kraft. Meist müssen wir dabei gar nicht gleich über hohe Mauern springen, es genügt meist schon *über den eigenen Schatten zu springen* und spontan jemandem in einer ausweglosen Situation mutig und tapfer zu helfen. Eben wie der Gute Hirte im Bild.

Joachim Schuster, der gebürtige Leipziger, machte zunächst ein Bildhauerstudium. Bildhauerarbeiten und Skulpturen einerseits, Grafiken und Buchillustrationen andererseits waren zeitlebens sein Metier. Seine besondere Liebe galt biblischen Themen, die er eigenwillig, oft verschmitzt lächelnd, oft heiter verspielt, umsetzte. Viele Jahre lebten wir in einer Gemeinde und erlebten gemeinsam Freude und Leid.

1998 riss ihn eine schwere Krankheit aus dem Leben. Für seine Familie und seine Freunde hinterließ er ein bleibendes Vermächtnis: *»Der Tod hat kein Grauen, blickt voller Zuversicht und fröhlich nach vorn. Nehmt Euer Herz und Eure Kraft und setzt sie mutvoll für die Liebe untereinander ein. Vertraut dem Vater im Himmel, der Euer Herz sieht, Eure Wege kennt und Euch leitet.«*

A.J.

Thomas Zacharias
Grafiker und Illustrator, Kunstpädagoge
*1930 in Planegg bei München, lebt am Starnberger See/Bayern
Maria von Magdala und die Jünger (Johannes 20,18)
Radierung, 11,2 × 11,2 cm, 1990

Thomas Zacharias
Maria von Magdala und die Jünger

1966 veröffentlichte Thomas Zacharias *24 Farbholzschnitte zur Bibel*. Seit diesem Jahr war er Professor für Kunsterziehung und Leiter einer Klasse an der Akademie der bildenden Künste in München. 1989 wurde er angefragt, eine *Bibel für Schüler* zu entwickeln. Auf der Grundlage von ausgewählten Bibeltexten in der Lutherübersetzung wurde ihm die künstlerische Gestaltung angeboten. Zacharias zögerte: »*Kann ich, will ich zu diesem Thema noch einmal etwas machen? Fast fünfundzwanzig Jahre nach den Farbholzschnitten zur Bibel? Wo sollen die Impulse für einen unverbogenen künstlerischen Einsatz herkommen, der in seinen Konsequenzen vielleicht doch nicht akzeptiert würde? Warum mich auf einen Supermarkt didaktischer Medien einlassen, zu dem mein Engagement als Hochschullehrer, Künstler und Autor im Widerspruch steht?*« Aber dann hat den Künstler die Sprachkraft und der expressive Bilderreichtum des Luthertextes gepackt, der eine starke Vorstellungskraft in ihm auslöste. Zacharias wählte das für ihn unverbrauchte künstlerische Medium der Radierung und schuf 121 Bilder zum Alten und Neuen Testament. Die hier vorgelegte Radierung trägt den Titel: *Maria von Magdala und die Jünger.*

Den Schrei, den Jesus sterbend am Kreuz ausstieß, hatten sie noch in den Ohren:

Mein Gott, mein Gott, warum hast du mich verlassen?

Markus 15,34

So verlassen fühlten sich auch die Jünger und Jüngerinnen, als sie sich am ersten Tag der Woche wieder versammelten *»und die Türen verschlossen waren aus Furcht vor den Juden«* (Johannes 20,19). Der Mann, an den sie ihr Leben gebunden hatten, der ihnen eine Zukunft in der Gegenwart Gottes versprochen hatte, war tot - hingerichtet auf Veranlassung der religiösen Führung. Was sollte nun aus ihnen werden? Sie waren erfüllt von Trauer um den geliebten Rabbi, Trauer um ein Lebenskonzept, das ihnen aus den Händen geschlagen worden war, erfüllt von Furcht vor Verfolgung durch die mächtigen Theologen und durch die aufgehetzte Menge. So schlossen sie sich ein in ihrem Versammlungsraum, eine ängstliche, verzweifelte Gruppe.

Diese Situation stellt Thomas Zacharias dar. Er verzichtet auf die räumliche Umgebung. Wir sehen keine verschlossenen Türen, und doch vermittelt uns die Radierung den Eindruck des Gefangenseins. Die Jünger und Jüngerinnen kauern in der Mitte des Bildes. Wie groß die Gruppe ist, erkennen wir nicht, denn sie setzt sich über den rechten Bildrand hinaus weiter fort.

Die Gestalten wirken wie abgestellte »Säcke« (Thomas Zacharias). Oder sehen wir in ihnen lieber eine Herde verängstigter Schafe? Sie sind jeweils in einen dunklen Umhang gehüllt, den sie bis zum Kinn hinauf fest ums sich gezogen haben.

Zusammengesackt und eng aneinander gedrängt schirmen sich die Jünger und Jüngerinnen nach außen ab und suchen in ihrer Angst aneinander Schutz und

Halt. Die dichte Schraffur der Striche, die sich wie Wellen gegeneinander bewegen, lässt die innere Erregung der Menschen erkennen. Sie sind aufgewühlt durch den Tod Jesu. Lockere Umrisslinien schließen die Gruppe zu einem kompakten Block zusammen. Es gibt keine Standfläche, die Halt bieten könnte. Die Gruppe der Verängstigten scheint in der Luft zu hängen, verunsichert, erregt, haltlos zwischen Leben und Tod.

Die Gesichter der Menschen sind nach oben gerichtet und schauen nach links, wo am Bildrand der große Kopf einer Frau erscheint. Im Gegensatz zur eng aneinander gesetzten Linienführung der kauernden Gruppe, welche Geschlossenheit vermittelt, hat der Künstler die Frau mit lockerem Strich gestaltet. Von ihr gehen Leichtigkeit und Helle, Kraft und Bewegung aus. Sie wendet ihr klares Profil mit den energischen Gesichtszügen den verängstigten Menschen zu. Dem geöffneten Mund der Frau entspringen die Worte:

Ich habe den Herrn gesehen. *Johannes 20,18*

Maria von Magdala erzählte den Jüngern von ihrer Begegnung mit Jesus in Gestalt eines Gärtners. Mit dem Wortband nimmt der Künstler eine mittelalterliche Bildtradition auf, in welcher den handelnden Personen einer biblischen Szene Schriftbänder mit wörtlicher Rede beigegeben wurden.

In der Radierung von Thomas Zacharias legt sich die Auferstehungsbotschaft wie ein Licht auf die verängstigten Gesichter der Jünger und Jüngerinnen, wie mit einer zärtlichen Geste wird die Dunkelheit von ihren Gesichtern gestrichen. Von Maria Magdalena ist alle Furcht abgefallen, hoch aufgerichtet ruft sie den eingeschüchterten Menschen die frohe Nachricht zu, dass sie dem lebendigen Herrn begegnet sei und dass er sie beauftragt habe, die Auferstehungsbotschaft weiterzusagen. Es genügt ja nicht, selbst eine lebendige Christusbegegnung zu haben. Jede Erfahrung mit Christus ist zugleich ein Auftrag, anderen Menschen davon zu erzählen, damit auch sie sich aufrichten und aus dem Gefängnis ihrer Angst und Verzweiflung herausfinden können. Die Botschaft von dem lebendigen Christus ist der Schlüssel zu einem neuen Leben. Die Jünger und Jüngerinnen werden von der Sorge um die eigene Zukunft befreit und befähigt, der Aufforderung Christi Folge zu leisten:

Gehet hin und machet zu Jüngern alle Völker: Taufet sie auf den Namen des Vaters und des Sohnes und des Heiligen Geistes und lehret sie halten alles, was ich euch befohlen habe. *Matthäus 28,19.20*

S.G.

Thomas Zacharias
Ich komme bald

Der Theologe und Kunsthistoriker Herbert Fendrich schreibt über die Radierungen von Thomas Zacharias: *»Fast immer markieren sie eher den Ausgangspunkt einer Denkbewegung, sind ,Wegweiser', die die Phantasie in eine bestimmte Richtung lenken, assoziativ neue und weitere Bilder im Betrachter hervorrufen.«* Genauso ist es mir als Betrachterin mit diesem Bild ergangen. Ich erinnere mich an ein Foto in einem Buch mit dem Titel *»Berlins Stunde Null 1945«*: An den Ruinen eines zerstörten Wohnhauses stehen Nachrichten für die Angehörigen der Ausgebombten. In Druckschrift hat jemand geschrieben *»Familie Vogel und Breidenstein«* und ein anderer hat in Schreibschrift hinzugefügt *»Schneeberg Kufsteiner-Straße 12«*. Unter einem Abgrenzungsstrich eine weitere Mitteilung: *»Vietheer: leben alle.«* Können wir ermessen, was diese Nachrichten für die Menschen im zerstörten Berlin bedeuteten? Da kommt ein Soldat aus dem Krieg zurück, findet die Familienwohnung in Schutt und Asche und erfährt die Adresse, wo er seine Lieben treffen kann. Für einen anderen bedeuten die Worte *»Vietheer: leben alle«* das höchste Glück.

Thomas Zacharias nimmt in seine Radierung die ganze Kraft der Gefühle hinein, welche die eben geschilderte Situation bestimmen: Angst und Sorge, Sehnsucht und Hoffnung, Gewissheit und Freude. Die Bildfläche breitet sich wie die rechteckige, fensterlos gemauerte Wand

Thomas Zacharias
Grafiker und Illustrator, Kunstpädagoge
*1930 in Planegg bei München, lebt am Starnberger See/Bayern
Ich komme bald (Offenbarung 22,20)
Radierung, 18,2 × 11,4 cm, 1990

eines Hauses vor uns aus. Dunkle Schmutzspuren sind vor allem im unteren Bereich der Fläche zu erkennen, während jemand auf die obere Hälfte eine Mitteilung geschrieben hat, deren Zeilen leicht schräg nach unten abfallen. In flüchtig geschriebenen Druckbuchstaben setzt die Schrift in der linken oberen Ecke an: *Ich* und fährt in der Zeile darunter fort: *komme*. Ein anderer hat in ungelenker Schreibschrift in der dritten Zeile noch ein Wort hinzugefügt: *bald.* Wer hat das *bald* ergänzt? Ist es einer, der Sehnsucht hat nach demjenigen, der sich so ankündigt: *Ich komme?* Da kann es jemand kaum erwarten: *Ja, komme bald!*

Am unteren Bildrand sehen wir einen Menschen, der wartet. Ganz zusammengekauert hockt die winzige Gestalt auf einem schmalen, dunklen Band, zu dem die kurzen, feinen Striche der Radiernadel gebündelt sind, als wenn ein Gehweg an der Wandfläche des Hauses entlangführt. Durch die Winzigkeit des zusammengekauerten Menschen wächst die Schrift an der Wand zu ungeheurer Größe an, als käme sie aus einer Welt mit unvorstellbar großen Ausmaßen. Wir haben gewiss längst erkannt, dass es sich um die letzten Worte der Bibel in der Offenbarung des Johannes handelt. Jesus Christus kündigt an:

Ich komme bald. *Offenbarung 22,20*

Und der Seher Johannes antwortet aus tiefstem Herzen:

Amen, ja, komm, Herr Jesus! *Offenbarung 22,20*

Und wir? Gehören wir zu denen, die sehnsüchtig darauf warten, dass Jesus Christus *bald* wiederkommt? Oder denken wir: Ja, komm nur Herr Jesus, aber bitte nicht gleich? Oder möchten wir uns gar den Worten anschließen, welche Fjodor Dostojewskij den Großinquisitor sagen lässt: *»Wie konnte es dir einfallen, noch einmal zu erscheinen, da es für dich doch auf der Hand liegt, wieviel Beunruhigung du damit anrichtest. Denn uns zu stören bist du gekommen, das weißt du sehr gut.«* Am Ende schickt der Großinquisitor den schweigenden Christus fort mit den Worten: *»Geh! Geh fort, und komm niemals wieder, nie wieder, nie.«* - Ich möchte zu denen gehören, die dem letzten Wort der Bibel vertrauen, die geduldig und voll Sehnsucht darauf warten, dass Jesus Christus wiederkommt und die Welt vollendet zu ewigem *Schalom* im Angesicht Gottes.

Thomas Zacharias antwortet mit seiner Radierung auf das Wort der Bibel durch *»visuelle Askese«* (Th. Zacharias). Allein durch die Gestaltung der Schrift und durch die Winzigkeit des zusammengekauert Wartenden am Rande einer riesigen Fläche schafft der Künstler eine Situation, in welcher das Wort seine Kraft entfalten kann. Für das Wiederkommen Jesu Christi, für die Erwartung der neuen Welt Gottes gibt es keine Bilder mehr.

S.G.

Alfred Finsterer
Ist jemand guten Muts, der singe Psalmen

Alfred Finsterer begann seine künstlerische Laufbahn als Buchgestalter, der mit renommierten deutschsprachigen Verlagen zusammenarbeitete. Buchillustrationen zur antiken Mythologie, zur Bibel, zu Werken von Dichtern bestimmen sein Werk der ersten Schaffensperiode. Als Finsterer Ende der 1960-er Jahre die Bindung an das Buch aufgab und sich freien Arbeiten widmete, blieb der Reichtum der Weltliteratur der Nährboden seines Werkes. Dabei wurde die Kaltnadelradierung seine bevorzugte Technik. Er ging *»den Schmutzweg des Radierens, der durch alle Nebeldämpfe und Ätztinkturen hindurchführt«*, wie Alfred Finsterer selbst sagte. Mit der Kaltnadel entwickelte der Künstler eine eigene Handschrift, die große Sensibilität verrät.

Die Radierung ist ein Ätzverfahren zum Drucken einer Zeichnung. Auf eine Metallplatte, die mit einem säurefesten Lack bestrichen wurde, wird mit einer Nadel die Zeichnung eingeritzt, so dass das Metall freigelegt wird. Die so behandelte Metallplatte wird in ein Säurebad gelegt. Die Säure frisst an den freigelegten Stellen am Metall und ätzt Linien hinein. Je länger man die Säure einwirken lässt, desto tiefer werden die Furchen. Anschließend wird die Platte aus dem Säurebad genommen, der Lack entfernt und in die Furchen Druckfarbe gerieben. Nachdem die überschüssige Farbe abgewischt wurde, kann der Druck erfolgen. Für jeden einzelnen Abzug muss der Vorgang des Farbauftrags,

Alfred Finsterer
Grafiker und Buchkünstler
*1908 in Nürnberg, †1996 in Stuttgart

Ist jemand guten Muts, der singe Psalmen (Jakobus 5,13)
Radierung, 49,5 × 43 cm, 1990

des Wischens und Einlegens in die Druckerpresse wiederholt werden, wobei kleine Variationen entstehen können.

Bei vielen Bildern des vorliegenden Buches geht es um biblische Geschichten mit einem dramatischen Verlauf, aus dem der Künstler einen Moment ausgewählt hat, um die Szene zu deuten. In dieser Radierung aber setzt Alfred Finsterer ein einzelnes Wort aus dem Jakobusbrief in die Gebärde eines Menschen um:

Leidet jemand unter euch, der bete; ist jemand guten Mutes, der singe Psalmen. *Jakobus 5,13*

Wir sehen einen bärtigen Mann mit einer jüdischen Kippa auf dem Kopf, der in weit ausholender Bewegung tanzt. Nur sein rechtes Bein berührt mit dem abrollenden Fuß den Boden, das linke schwingt im Knie abgewinkelt über der Standfläche. Der Mann scheint zu schweben. Sein Oberkörper, der mit einer kurzen, weitärmeligen Jacke bekleidet ist, neigt sich weit nach hinten und bietet sich auf diese Weise dem Himmel dar. Die rechte Hand streckt drei Finger zum Schwur empor, die linke hält ein aufgeschlagenes Buch, aus dem der Mann mit weit geöffnetem Mund singt. Der Sänger wird hinterfangen von Liniensystemen, auf denen Noten angedeutet sind. Die Situation bleibt ort- und zeitlos, eindeutig ist nur, dass es sich um einen Sänger jüdischen Glaubens handelt. Damit stellt der Künstler bewusst die Verbindung her zwischen dem christlichen Jakobusbrief und den jüdischen Psalmen.

Die Figur des Sängers ist leicht und wirkt durchscheinend. Mit feinen Schraffuren strukturiert Alfred

Finsterer den Körper, der mit einer sicheren Linie umschrieben ist. Die Gestalt mit den nach außen geschwungenen Armen und Beinen erinnert an einen Anker, der einen sicheren Halt sucht. Und doch lässt der Künstler keinen Zweifel daran, dass das Leben des Psalmsängers fest gegründet ist, dass er nicht haltlos in der Luft schwebt, sondern von starken Gefühlen emporgehoben wird. In der tänzerischen Bewegung finden Gotteslob und Lebensfreude ihren körperlichen Ausdruck.

Mein Herze geht in Sprüngen und kann nicht traurig sein,
ist voller Freud und Singen, sieht lauter Sonnenschein.
Die Sonne, die mir lachet, ist mein Herr Jesus Christ;
das, was mich singen machet, ist, was im Himmel ist.
Paul Gerhardt 1653

Es ist, als hörten wir des Sängers Stimme, mit der er seinen biblischen Glauben bekennt und Gott die Treue schwört. Es ist, als hörten wir die begleitende Instrumentalmusik und würden aufgefordert, uns der tänzerischen Bewegung anzuschließen:

Rühmt ihn mit festlichem Reigentanz, singt ihm zum Takt der Tamburine, ehrt ihn mit eurem Saitenspiel. *Psalm 149,3*

So beschwingt, so bewegt, so einladend kann Glaube sein!

S.G.

Carsten Nicolai
Der Mantel

Carsten Nicolai ist der jüngste unter den Künstlern, deren Werke in diesem Buch einen Platz gefunden haben. Er ist in der DDR aufgewachsen und lebt in Chemnitz. Schon früh experimentierte er mit verschiedenen Materialien und künstlerischen Techniken. Über den Holzschnitt sagt er: *»Was den Holzschnitt angeht, schätze ich ihn einfach, weil er unmittelbar zu handhaben ist. Für die Herstellung eines Drucks sind keine großen technischen Voraussetzungen notwendig. Lithografie und Radierung sind da sicherlich wesentlich komplizierter. Neben der Zeichnung ist der Holzschnitt das unmittelbarste grafische Medium.«*

Für das beeindruckend große Blatt klebte Carsten Nicolai dünnes, gelbliches Packpapier zum großen Format zusammen. Die harten Nahtstellen und das störrische Material tragen zur Wirkung des Blattes bei. Das Bild zeigt eine hoch aufgerichtete menschliche Gestalt, die durch Kopf und Fuß eher angedeutet als gestaltet ist. Sie öffnet das weite Gewand nach links, am oberen Mantelrand ist die haltende Hand sichtbar. Auf dem Schwarz des Mantels erscheinen Umrisse von Figuren, die sich nicht genau identifizieren lassen. Kann man in den Linienknäueln Köpfe erkennen? Ist unter dem Weiß der Mitte eine geöffnete Hand zu sehen? Mit seinen weißen Schnittlinien und seiner schwarzen Übermalung bleibt das Bild offen für viele Deutungen.

Carsten Nicolai
Bildender Künstler und Musiker
*1965 in Karl- Marx- Stadt (heute Chemnitz)
Der Mantel
Holzschnitt, schwarz übermalt, 160 × 150 cm, 1991

Es war ein Mensch, der ging von Jerusalem hinab nach Jericho und fiel unter die Räuber; sie zogen ihn aus und schlugen ihn und machten sich davon und ließen ihn halb tot liegen. *Lukas 10,30*

So beginnt Jesus seine Erzählung vom barmherzigen Samariter. Seiner Kleidung beraubt, liegt der Mensch nackt und schutzlos da. Er ist Kälte oder Hitze, der Verletzungsgefahr und der Demütigung neugieriger Blicke ausgesetzt. Es wird in der Erzählung nicht ausdrücklich gesagt, aber wir können uns vorstellen, dass der Samariter, der sich des Ausgeraubten erbarmte, ihn mit seinem Mantel bedeckte, bevor er ihn auf sein Tier hob und ihn in eine Herberge brachte. Wir verbinden mit einem Mantel den Gedanken an Würde und Wohlstand, Schutz und Wärme, Wohlbehagen und Geborgenheit. Es ist nicht zufällig, dass in der Legende Martin von Tours seinen Mantel mit einem Armen teilt und ihm in der folgenden Nacht Christus im Traum erscheint mit den Worten: *»Martin, der sich erst noch auf die Taufe vorbereitet, hat mich mit diesem Mantel bekleidet.«* Damit nimmt die Legende Bezug auf das biblische Gleichnis vom Weltgericht, in dem der königliche Richter zu den Gerechten spricht:

Ich bin nackt gewesen, und ihr habt mich bekleidet.
Matthäus 25,36

Der Mantel spielt in vielerlei Sagen, Märchen und Legenden eine Rolle. Auch in der Bibel finden wir Beispiele für den Mantel in der Funktion der Amtswürde und des Schutzes:

- 1.Könige 19,19-21 wird erzählt, dass Elia seinen Mantel über Elisa warf und damit Gottes Anspruch auf sein Leben und seine Berufung zum Dienst ausdrückte. Als Elia später in den Himmel entrückt wurde, ließ er seinen Prophetenmantel zurück als Würdezeichen für seinen Nachfolger Elisa. (2.Könige 2,11-14)

- Der Prophet Hesekiel vergleicht Gott in einer Rede Jerusalem mit einer Braut, um die er wirbt: *»Und ich ging an dir vorüber und sah dich an, und siehe, es war die Zeit, um dich zu werben. Da breitete ich meinen Mantel über dich und bedeckte deine Blöße. Und ich schwor dir's und schloss mit dir einen Bund, spricht Gott der Herr, dass du solltest mein sein.«* (Hesekiel 16,8)

Im Mittelalter bekam die Schutzfunktion des Mantels eine juristische Bedeutung. Bei Ehezeremonien hüllte der Bräutigam die Braut mit seinem Mantel ein zum Zeichen dafür, dass er nun die Verantwortung für das Leben der Frau übernahm. Auch bei der Legitimierung oder Adoption von Kindern wurden diese unter den Mantel des Vaters genommen. Hochgestellte Personen konnten sogar gerichtlich Verfolgten unter ihrem Mantel Schutz gewähren, um eine Begnadigung herbeizurufen. Angesehene Frauen und reine Jungfrauen wurden als Fürsprecherinnen vor Gericht für besonders erfolgreich gehalten. Es ist daher nicht verwunderlich, dass dieses Mantelschutzrecht im 12. und 13. Jahrhundert auf Maria, die Mutter Jesu, übertragen wurde, wodurch der Bildtypus der *Schutzmantelmadonna* entstand: Maria öffnet mit beiden Händen ihren Umhang und gibt damit den Blick frei auf Menschen, die unter ihrem Mantel Schutz suchen.

An diese Bildtradition erinnert der Holzschnitt von Carsten Nicolai. Wo ist nun unser Platz in diesem Bild? Sind wir diejenigen, die angstvoll unter dem Mantel Schutz suchen vor vielerlei Bedrängnissen? Oder gehören wir zu denen, welche Angefeindeten und Ausgegrenzten rechtlichen Beistand und emotionale Wärme schenken? Je intensiver wir uns auf dieses Bild einlassen, desto beunruhigender wird es mit seiner Kraft und seinem Anspruch.

S.G.

Bilderverzeichnis

(Die fettgedruckte Seitenangabe bezieht sich auf dieses Buch, die vor dem senkrechten Strich auf das Gesangbuch der Evangelisch-methodistischen Kirche 2002)